Die schönsten Land- & Hofcafés in Niedersachsen

Impressum:
Holste, Michael
Land- und Hofcafés in Niedersachsen/Michael Holste
6., komplett überarbeitete Neuauflage – Schwarzenbek: Cadmos Verlag 2010

Möllner Straße 47
D-21493 Schwarzenbek
Telefon: 04151 87907-0
Telefax: 04151 87907-12
E-Mail: info@cadmos.de
www.cadmos.de

Deutsche Nationalbibliothek – CIP-Einheitsaufnahme
Die Deutsche Nationalbibliothek verzeichnet diese Publikation in der
Deutschen Nationalbibliografie; detaillierte bibliografische Daten sind
im Internet über http://dnb.ddb.de abrufbar.

Bildnachweis:
Albers, Rudolf: S. 56, 57, 97, 98, 114, 115
Brütt, Erhard: S. 6, 8
Burkhardt, Jens Peter: S. 44 o.
Fremdenverkehrsverband Gemeinde York: S. 29, 30
Herbst, Ulrich: S. 44 u., 45
Holste, Michael: S. 58, 70, 87, 88, 89, 90 r. u., 92,
Kierok, Thomas: S. 51, 54
Kurverwaltung Dangast: S. 10
Osnabrücker Land: S. 125
Otto, Sandra: S. 83, 84 u., 85 o., 132, 133 u., 138 u., 139, 142
Tourist Information Bad Essen: S. 126
Zickfeldt, Britta: S. 11, 12, 14, 15, 16 o., 66, 76 o., 77 r. o., 77 u., 78, 79, 84 o., 85 u.

Die nicht aufgeführten Bilder wurden von den einzelnen Hofcafés zur Verfügung gestellt.

Gestaltung und Satz: Ravenstein + Partner, Verden
Druck: Westermann Druck, Zwickau

ISBN 978-3-8404-3002-2

Die schönsten Land- & Hofcafés in Niedersachsen

Übersichtsplan Niedersachsen

Inhalt

Vorwort

Stellen Sie sich vor, es ist Sommer; die Luft ist klar, der Himmel wolkenlos und strahlend. Von fern geht ein leichter Wind durch die Straßen. Die Stadt schläft, denn ihre Bewohner machen jetzt Urlaub an weiten Stränden, in dichter Enge, unter sengender Glut. Das Grün der Bäume ist ein wenig dunkler schon als das der Wiesen. Auf den Feldern wogen die Ähren auf ihren sonnengelben Halmen. Die Kühe stehen träge in der Sonne und warten auf den Abend. Schwalben taumeln durch die Luft, auf der Suche nach Nahrung. Das Wasser in den Flüssen und Bächen wird langsam knapp, hält aber die Temperatur für ein kleines Bad zwischendurch. Um die Seen lagern diejenigen, die die Stadt nicht verlassen mochten oder bleiben mussten. Es ist wirklich Sommer.

Niedersachsen spannt den Bogen zwischen der Küste mit ihren Sand- und Grünstränden, den Deichen, den vorgelagerten Inseln und den weiten Ebenen zwischen Ems, Weser und Elbe. Niedersachsen ist dicht bewaldet in den Höhenzügen entlang der Flüsse, versteckt seine Seen und Teiche keineswegs, erstreckt sich bis hin in den Harz, der klotzig in die Höhe strebt, tiefe Schluchten einschließt, Wasserfälle, geheimnisvolle Höhlen. Niedersachsens Dörfer und Städte haben eine lange Geschichte, die sich über tausend Jahre von mittelalterlichen Siedlungen bis hin zu modernen Städten zieht. Ihre Bewohner sprechen unterschiedliche Dialekte und haben eine unverwechselbare Tradition und Kultur entwickelt. Stellen Sie sich vor, es ist Sommer – und Sie, Sie bleiben hier!

Was werden Sie finden? Sie finden ein weites Land, das eine Vielzahl sehr unterschiedlicher Regionen und Landschaften bereithält. Überall gibt es mehr zu entdecken als Sie vermuten. Sie werden auf eine gewachsene ländliche Struktur stoßen, auf Dörfer inmitten landwirtschaftlich genutzter Flächen, Sie werden prächtige und stolze Bauernhäuser finden, altes Fachwerk neben modernster Technologie. Es wird Ihnen klar werden, dass Niedersachsen in den Wurzeln immer ein bäuerliches Land gewesen ist. Heute bedeutet Landwirtschaft, den Gegensatz zwischen technisierter Nahrungsmittelproduktion und traditionellem bäuerlichen Wirtschaften zu überwinden. Sie werden herausfinden, dass dies oft gelungen ist oder sich zumindest anbahnt. Von Krisen, Schwierigkeiten, Umbrüchen, Sorgen und Nöten werden Sie auch erfahren – wenn Sie hierbleiben und sich auf das Besondere unseres Landes einlassen.

Ich bin hiergeblieben, nicht einmal, sondern öfter. Und ich werde wieder bleiben, denn es gibt viel zu entdecken: Da ist zum Beispiel die Vielzahl herrlicher alter Bauernhöfe mit ihrem Fachwerk, den prächtigen Türen, Stallungen, Backhäusern und Scheunen. Oft sind diese Höfe seit Jahrhunderten in Familienbesitz. Großes Engagement, viel Arbeit und noch mehr Liebe steckten in den so wunderbar anzuschauenden, romantischen Bauernhöfen unter den hohen Eichen, am Rande kleiner Seen oder in der Biegung eines Flüsschens. Die Besucher wissen diese Idylle zu schätzen. Ihre Augen ruhen gefällig auf der Schönheit der Höfe und der Harmonie zwischen den Gebäuden und ihrer Umgebung. Häufig verbindet sich unsere Schwärmerei für das Landleben mit idyllischen Vorstellungen eines Lebens im Einklang mit der Natur. Manche leben diesen Einklang, andere genießen ihn zeitweilig, vielleicht für einen kleinen Abstecher, einen begrenzten Urlaub von der Arbeit oder dem Lärm und der Hektik moderner Großstädte.

Manchmal vergessen wir dabei, dass das Landleben keineswegs nur Urlaub ist. Die Menschen auf dem Land sind genau dort erwerbstätig. Häufig ist die Landwirtschaft nicht mehr das einzige Standbein, auf dem sich die Existenz der Familien und die Zukunft der Höfe gründet. Längst haben sich hier neue Wege aufgetan.

Eine Idee für eine neue Erwerbstätigkeit auf dem Land ging hin zu einem sanften, individuellen Tourismus. Leer stehende Hofgebäude wurden umgebaut zu Ferienwohnungen, Appartements oder einfachen Heuhotels, die sich bei Familien und Gruppen größter Beliebtheit erfreuen. In vielen Fällen wurden auch die alten Bauernhäuser in diese Umbaumaßnahmen miteinbezogen. Eng verbunden mit der Entwicklung dieses Agrartourismus war das Wiederaufleben des Reitsports. Neben Ferienwohnungenbieten viele Höfe Reitmöglichkeiten, Unterricht und Einstellboxen für Pferde an. Wenn Sie die Dörfer Ihrer Heimat näher kennenlernen wollen, werden Sie feststellen, dass es kaum ein Dorf ohne Reitmöglichkeiten gibt.

Mit der Wende der Landwirtschaft zu ökologischer Produktion entwickelte sich ein weiterer Erwerbszweig für die Menschen auf dem Land. Es war naheliegend, die sorgfältig hergestellten Produkte auch selbst zu vermarkten, da eine Qualitätsgarantie auf diesem Weg viel einfacher einzuhalten war. Eine Vielzahl von Hofläden, in denen nicht mehr nur Bioprodukte angeboten werden, weist auf den Erfolg hin, den diese Idee bisher gehabt hat. Gleichzeitig wird für die Kunden die Kette vom Produzenten zum Verbraucher überschaubarer. Niedersachsens Hofläden haben eine eigene Atmosphäre und finden auch aus diesem Grund immer mehr Freunde.

Nimmt man diese Entwicklungen zusammen, dann fehlt eigentlich nur noch ein kommunikativer Ort, ein Platz, an dem Gäste und ländliche Bevölkerung zusammentreffen und ein besonderes Verhältnis zueinander finden können: die Hofcafés. Sie gehen aus bäuerlichen Betrieben hervor, sind in der Regel in umgebauten Scheunen oder ehemaligen Stallungen, manchmal auch in herrlich restaurierten Bauernhäusern untergebracht, finden sich neben Hofläden. Sie erweitern das Angebot eines ländlichen Tourismus, um die Möglichkeit eines Abstechers. Wesentlich ist aber wohl, dass die Landfrauen die Land- und Hofcafés zu ihrer ureigensten Sache gemacht haben. Traditionelle Rezepte für Kuchen und Torten, fast immer auch Brot, erwecken sie zu neuem Leben. Die Landfrauen beleben mit ihren schönen Cafés alte Formen der Gastfreundschaft neu. Dabei entsteht aber auch etwas wirklich Neues: Das Land wird zum Ausflugsziel. Hier finden Gäste eine hochstehende Esskultur. Diese ländlichen Traditionen werden als eigenständiger kultureller Raum erfahren und erfasst.

Stellen Sie sich vor, es ist Sommer, ein Sonntagnachmittag, die Luft ist warm, und die Sonne scheint in alle Winkel. Steigen Sie auf Ihr Fahrrad, in Ihr Auto, benutzen Sie die öffentlichen Verkehrsmittel und entdecken Sie Ihr Land! Sie werden es finden, bei einem herrlichen Stück Torte, einer heißen Tasse Kaffee oder Tee in einem unserer Land- und Hofcafés!

Ostfriesland und Raum Oldenburg

Region 1

Natur pur: die Wattlandschaft der Nordseeküste.

Ostfriesland bedeutet scheinbar endlose Weite der Wiesen und Marschen, flaches Land, durchzogen von Wallhecken und sturmgebeugten Bäumen, von Kanälen und Mooren. Hinter den mächtigen Deichen, die Land und Leute vor den Sturmfluten, die hier früher „Manndränken“ hießen, schützen, folgt das Wattenmeer, dessen Flora und Fauna vom regelmäßigen Wechsel zwischen Ebbe und Flut bestimmt wird. Wenn sich die Nordsee durch die unzähligen Priele, Gatts und Tiefs zurückzieht, fällt das Watt trocken. Unter der scheinbar öden Schlammwüste wimmelt das Watt von Leben. See- und Strandvögel waten auf Nahrungssuche über die welligen Flächen. Zwischen Borkum und Wangerooge reihen sich die Ostfriesischen Inseln wie Perlen auf einer Kette von Westen nach Osten. Der Tourismus zu den Inseln und im Land hinter den Deichen stellt heute wohl das wichtigste ökonomische Standbein der Menschen in Ostfriesland dar.

Um das Jahr 1 000 begannen die Friesen mit der Landgewinnung und Sicherung der flachen Küstenregion. Die Sachsenkaiser honorierten die Bemühungen ihrer Untertanen und befreiten die Friesen von der Heerfolge. Aus dieser speziellen Situation entwickelte sich eine besondere Form politischer Organisation. Am „Upstalsboom“ in der Nähe des heutigen Aurich kamen die Friesen zusammen und trafen in einer Art Versammlung gemeinsame Entscheidungen. Anders als im übrigen Reich gab es in der Küstenregion lediglich zwei Stände: die Grundbesitzer und die ebenfalls freien Warftleute.

Ostfriesland – eine Gegend, in der man auf zahlreiche malerische Windmühlen stößt.

Im 14. und 15. Jahrhundert herrschten mächtige Häuptlinge. Es folgten Grafen aus der Familie Cirksena. Im Jahre 1744 wurde Ostfriesland dann preußisch.
Friedrich der Große verfügte die Urbarmachung der Moore, die über ein Viertel der Fläche Ostfrieslands ausmachten; ausschließlich einheimisches Kapital stand zur Verfügung. Die Einkünfte aus dem bescheidenen Torfhandel reichten für diese gewaltige Aufgabe nicht aus. Ähnlich wie im Emsland übernahmen holländische Siedler, denen man Land und Steuerfreiheit versprach, einen Teil der Kolonisation.
Großefehn ist eines der ersten Fehndörfer (Fehn = Moor), das aus der Kultivierung der Moore entstand. Zu Fuß waren die Moorflächen nicht zugänglich. Daher hoben die Siedler Kanäle, die gleichzeitig als Verkehrswege und Entwässerungsgräben dienten, aus. Um den Boden für den Getreideanbau nutzbar zu machen, musste das Moor gebrannt werden, was den Boden schnell erschöpfte und die Erträge gering hielt. Als der Torfabbau nicht mehr lohnte, mussten sich die Fehnbewohner nach einer neuen Einnahmequelle umsehen.
Heute lohnt ein Besuch in der Kirche St. Barbara mit ihren spätgotischen Plastiken und einer Madonna im Strahlenkranz auf einer Mondsichel. Rhauderfehn, in dem um 1850 68 Torf- und 41 Seeschiffe registriert waren, zeigt den Weg: Bremische Schiffe und ein weltweiter Handel beschäftigten Mitte des 19. Jahrhunderts die

Plattes Land, so weit das Auge reicht – für viele ein Inbegriff der Ruhe.

Einwohner der Fehnregion. Schifffahrt war so bedeutsam in dieser Region, dass 1870 eine „Königlich Preußische Navigationsschule" in Westrhauderfehn eingerichtet wurde.
Aurich gilt als die Hauptstadt Ostfrieslands. Klassizistische Bauten und ein Schloss aus dem 15. Jahrhundert bestimmen das Bild dieser liebenswerten Stadt. Die Kirche von Marienhafe diente Störtebeker und seinen Piraten als Zufluchtsort vor den Soldaten der Hanse.
Um 800 ließ ein Missionar an der Stelle, an der die Leda in die Ems mündet, eine Kirche errichten, aus der sich die Hafenstadt Leer, das Tor zu Ostfriesland, entwickelte. Holländische Siedler haben das Bild der Stadt nachhaltig beeinflusst. In den Straßen stehen wunderschöne Giebelhäuser aus dem 17. und 18. Jahrhundert.
Älteste, größte und wohl auch bedeutendste Stadt Ostfrieslands ist Emden. Am Ende des 16. Jahrhunderts wurden im Emdener Schiffsregister mehr Schiffe als in London oder Hamburg geführt.
In Rysum auf Krummhörn finden Besucher die älteste noch genutzte Orgel Nordeuropas. Überhaupt finden Orgelliebhaber zwischen Wilhelmshaven und dem niederländischen Groningen 300 historische Orgeln.
Nicht nur die im Hafenbecken liegenden Krabbenkutter, die zauberhaften Fischerhäuser, das Sieltor oder die beiden Windmühlen am Ortseingang machen Greetsiel zu einem der malerischsten Orte Ostfrieslands, es sind auch winzige Kleinigkeiten – geschmückte Fenster, hübsche Haustüren, die Giebel der Häuser.

Adresse:
Tunger Straße 1 a
26629 Großefehn
Aurich-Oldendorf/
OT Moorlage
Tel.: 04943 912091
www.meta-gastro.de

Öffnungszeiten:
Fr. u. Sa. Café
Restaurant ab 14.30 Uhr
warme Küche ab 18 Uhr
So. Café, Restaurant ab 11 Uhr
Mittagstisch ab 11.30 Uhr
warme Küche ab 18 Uhr
nach Vereinbarung für Gruppen auch außerhalb der regulären Öffnungszeiten

Plätze:
150 Caféplätze

1 Hof Moorblick

Gespräch mit Meta Albers, der Besitzerin des Cafés

Wie kommt der Name des Hofes zustande? Wenn man aus dem Fenster des Cafés blickt, sieht man direkt aufs Moor. Man kann natürlich auch auf den gut ausgebauten Wegen wunderbar dort spazieren.

Betreiben Sie neben dem Café noch Landwirtschaft? Ja. Unser Hof mit knapp 50 Milchkühen liegt nur wenige Schritte vom Café entfernt.

Wie haben Sie Ihr Angebot in den letzten Jahren weiterentwickelt? Seit 2000 betreiben wir in Wiesmoor das Blumenhallen-Café; auf Hof Moorblick existiert seit 2001 ein großer Themen- und Erlebnisgarten mit ca. 8000 m² Fläche. Zur Weihnachtszeit erstrahlt dieser Garten durch eine unglaubliche Zahl von Lichtern.

Das ist aber noch lange nicht alles? Richtig. In Hesel betreiben wir seit 2003 die „Meta-Erlebnisgastronomie". Die fin-

Ein Ostfriese fragt den anderen: „Wo arbeitest du eigentlich?"
– „Bei VW in Emden." – „Am Band?" –
„Nö, so schlimm ist es nicht. Wir dürfen frei herumlaufen."

Die liebevolle Einrichtung des Cafés lädt zum Verweilen geradezu ein.

den Sie in einem denkmalgeschützten ostfriesischen Bauernhaus, das weitgehend in seinem Urzustand verblieben ist. 2005 kam dann das „Müllerhaus“ in Barßel dazu. Zum Café dort gehört eine vierstöckige Galerie-Holländer-Windmühle, die man natürlich auch besichtigen kann. Unser Café in Barßel hat auch einen herrlichen Garten.

Warum soll man nicht mit einem blauen Auto nach Ostfriesland fahren? Weil die Ostfriesen um alles Blaue einen Deich bauen.

„Sag mal, Onno, wie heißt Rinderdiebstahl auf Englisch?“ – „Nun, wahrscheinlich ‚Oxford‘!“

Unser jüngstes Projekt ist der „Meta-Goldene-Adler“ in Bad Zwischenahn. Das Haus ist ein reetgedecktes Ammerländer Bauernhaus.

Gibt es etwas, das alle Ihre Cafés gemeinsam haben? Unsere Hofcafés sind wegen ihrer Torten bei den Gästen sehr beliebt. Und: Die Zufriedenheit meiner Gäste ist für mich das Wichtigste. Ich habe festgestellt, dass

Anfahrt:
A 28 Ausfahrt Filsum, auf B 72 nach Hesel, in Hesel Richtung Aurich bis Mitte-Großefehn. An der Ampel rechts bis Ostgroßefehn. An der Ampel links Richtung Aurich-Oldendorf. In Aurich-Oldendorf rechts nach Moorlage, ca. 4 km fahren.

Extras:
- hausgemachter Kuchen
- selbst gebackenes Brot
- Mittag- und Abendessen
- Wiese mit Esel
- großer Spielplatz mit Rutsche und Karussell
- Info Bauernhof
- Kutschfahrten
- Schiffsfahrten mit der MS Moornixe
- Fahrradtouren
- Torfstechen
- Führungen durch das Moor
- Blütenfest im Herbst
- Teeseminar
- Themen- und Erlebnisgarten

Sehenswertes in der Umgebung:
- Fehnlandschaft
- Torf- und Siedlungsmuseum
- Ostfriesische Inseln
- Windmühlen
- Dorfmuseum Münkeboe
- Brookmerland
- Störtebeker-Turm
- Seewasseraquarium / Wattenmeerhaus
- Wilhelmshaven
- Moormuseum Moordorf

Meta-Goldener Adler
Wiefelsteder Straße 47
26160 Bad Zwischenahn
Tel.: 04403 9390930

Blumenhallencafé
Dahlienstraße 26
26639 Wiesmoor
Tel.: 04944 920855

Gastronomie Meta
Kirchstraße 1
26835 Hesel
Tel.: 04950 805666

Müllerhaus Barßel
Mühlenweg 4
26676 Barßel
Tel.: 04499 926870

viele Menschen keine Lust auf Torten oder Kuchen aus der Tiefkühltruhe haben. Deshalb backen wir unsere Torten immer frisch und vor allem nach eigenen Rezepten. Jeder meiner Gäste weiß, dass er solche Torten nur bei uns bekommt.

Zwei Ostfriesen im Kino. „Der Mann fällt gleich ins Wasser!", sagt der eine. Und er fällt wirklich. „Ich habe den Film schon mal gesehen", erklärt der Ostfriese. „Ich auch, aber ich hätte nicht gedacht, dass er so blöd ist und zum zweiten Mal fällt."

Das ist wohl auch der Grund dafür, dass der Kreis unserer Stammgäste stetig wächst.

Halten Sie für Ihre Gäste noch eine besondere Überraschung bereit? Ja, natürlich: Im Winter kommen viele Gäste zum Boßeln zu uns und zum Grünkohlessen ins Ammerland.

Kinder lieben die Wiese mit den Eseln.

2 Bauernhofcafé Janßen

Moin, Moin! So grüßen die Menschen sich hier, wenn sie am Hoftor stehen und die Köpfe zu einem kleinen Schnack zusammenstecken oder wenn sie auf dem Fahrrad vorbeifahren zur Weide, auf der die Kühe stehen. Einfach nur mal nach dem Rechten sehen, vielleicht auch die Kühe zum Melken in den Stall treiben.

Wo das Land immer flacher wird und im Winter von den kleinen Flüssen und Bächen überflutet wird, die die Regenfluten nicht mehr in ihrem Bett halten können, liegt Rastede, ein schmucker Ort mit netten Geschäften und vielen Freizeitmöglichkeiten. Am Ortsrand führen die Wege direkt ins Grüne, zu den Pferden oder in ein kleines Laubwäldchen.

Der Pantinenweg am Rande von Rastede führt uns allerdings zu einem besonderen Schmuckstück: Unter hohen Bäumen liegt der Hof der Familie Janßen.

Ein Fachwerkhaus, das seinen Charakter behalten hat. Im Frühsommer kann man hier Erdbeeren, frisch gestochenen Spargel oder Eier von wirklich glücklichen Hofhühnern mitnehmen.

Adresse:
Pantinenweg 4
26180 Rastede
Tel.: 04402 83870
Fax: 04402 598825

Öffnungszeiten:
Di.–So. 13 bis 18 Uhr
im Sommer 14 bis 19 Uhr
oder auf Voranmeldung

Plätze:
65 im Café
90 Außenplätze
50 im Gruppenraum
behindertengerecht

Anfahrt:
A 29 Ausfahrt Rastede Richtung Ortsmitte, 2. Straße links ab in den Pantinenweg.

Essen & Trinken:
- selbst gebackene Torten, Kuchen, Brote und Eis
- Frühstück auf Anmeldung

Einkaufen:
- selbst gebackenes Brot, Wurst- und Fleischwaren, Käse, Eingemachtes, Nudeln, Spargel und Erdbeeren in der Saison

Im Mastbetrieb wachsen die Schweine heran, deren Fleisch im Hofladen verkauft wird. Von ferne schnattern Gänse, die man nicht sehen, aber auch nicht überhören kann. Es ist, als käme man nicht als Gast, sondern als Freund. „So ist das nun mal im Ammerland", klärt uns Hillert Janßen auf. Am Hofladen vorbei führt er uns voller Stolz in sein Bauernhofcafé. Wir haben uns in dem gemütlichen Caféraum kaum gesetzt, als auch schon eine Kanne Tee vor uns auf ein Stövchen gestellt wird. Irgendwie passt das alles zusammen, ohne dass wir auch nur ein Wort sagen oder einen Wunsch äußern mussten. Aber dann wird es wirklich schwierig für uns. Aus den zwölf verschiedenen Tortenspezialitäten, die Familie Janßen für heute gebacken hat, müssen wir eine aussuchen. Bei der Größe der Tortenstücke können wir uns nicht vorstellen, mehr als ein Stück Torte zu genießen. Aber Hillert Janßen hilft uns auch hier auf unkomplizierte Weise: Er bestellt für uns einfach ein Stück Stachelbeerbaiser. Während wir vorsichtig von dem heißen Tee Schluck für Schluck trinken, fällt die Kälte des Herbstnachmittags langsam von uns ab. Unsere Wangen röten sich, Herr Janßen erzählt von seinem Bauernhof, von den Tieren, von der Landwirtschaft, und Stück für Stück tauchen wir ein in die ländliche Idylle des Ammerlands.

„Wenn die Sonne scheint", informiert uns Herr Janßen, „dann sitzen die Gäste meistens draußen im Garten, auf der Terrasse. Wanderern bieten wir einen Spaziergang vorbei an Feld, Wald und Wiesen an.

Wir erfahren auch, dass es sich unbedingt lohnt, die paar Schritte zum Heimatmuseum zu gehen, denn dort werden viele ländliche Gebrauchsgegenstände gezeigt, von denen Städter oft nicht wissen, wozu sie benötigt wurden.

„Zurück zur Natur", ganz diesem Motto habe sich die Familie Janßen mit Leib und Seele verschrieben, erfahren wir als Nächstes. Der Ausdruck dieser Überzeugung ist der Hofladen, der ausschließlich Erzeugnisse des Hofes oder benachbarter Bauern anbietet – alle mit Qualitätsgarantie. Aber dann werden Janßens Erzählungen nebensächlich, denn sie steht vor uns: die Stachelbeerbaisertorte!

Vom ersten Bissen an wissen wir, dass die lange Anreise nicht vergeblich war.

Zum Abschluss unseres Besuchs führt uns Herr Janßen noch über den Hof. Wir erfahren das Land mit allen Sinnen. Schnell begreifen wir, wie ein Bauernhof arbeitet und lebt.

Janßen beschreibt wichtige Aspekte der Tierhaltung, und manchmal können wir nicht umhin, die Tiere vor uns zu streicheln.

Als wir zurückfahren, haben wir einen neuen Eindruck vom Reichtum und der Vielfalt der Natur gewonnen – und eine neue Lieblingstorte.

Extras:
- Kunst- und Handwerkermarkt am 3. Wochenende im Jul.
- Swingolf
- Naturlehrpfad
- Wanderwege
- Rhododendronroute

Sehenswertes in der Umgebung:
- Bauernmuseum
- Wallheckenlandschaft
- Ammerland

3 Friesische Teestube und Café „Ekke Nekkepenn"

Adresse:
Burmeidsweg 1
26969 Butjadingen-Langwarden
Tel.: 04733 173732
Fax: 04733 173733
E-Mail: teeladen@teekontor-nordsee.de
www.teekontor-nordsee.de
www.greiss-nordseeferien.de

Öffnungszeiten:
Sommersaison:
Apr.–Okt. 14 bis 18 Uhr
Wintersaison:
Okt.–Mrz. 14 bis 17 Uhr
Mo. Ruhetag
im Nov. Mo. u. Di.
im Dez. Mo.–Do.
vom 23. Dez.–7. Jan.
täglich 14 bis 17 Uhr

Plätze:
55 Caféplätze
35 Außenplätze
im Rosengarten

Wir spüren die lange, wechselvolle Geschichte des alten Bauernlandes, während wir mit unseren Rädern unter hohem Himmel gegen den stetigen Seewind antreten. Uns umfängt reine Salzluft; unsere Blicke schweifen über das fruchtbare grüne Marschenland mit seinen Gräben, alten Bäumen und Höfen.

So gelangen wir nach Langwarden, das viel von seinem ursprünglichen Charakter erhalten hat. In der eindrucksvollen Friesenkirche steht die älteste und vielleicht auch schönste Orgel Butjadingens, im Jahr 1650/51 von Hermann Kröger aus Berne erbaut und Anfang des 18. Jahrhunderts von Arp Schnitker repariert. Von der Deichkrone aus geht unser Blick über den Sommergroden, die vorgelagerten Salzwiesen und das Wattenmeer. Hier nisten Rotschenkel, Wiesenpieper, Kiebitz, Uferschnepfe sowie Säbelschnäbler und Lachmöwe.

Es wird auch für uns Zeit zu rasten. Unser Ziel ist die Friesische Teestube und Café „Ekke Nekkepenn". Wir überqueren das breite Eckwarder Sieltief

und erreichen den prächtigen Gulfhof. „Gulf“ ist ein Begriff, mit dem der Lager- oder Stauraum für die Ernte bezeichnet wurde, und so war der Hof eigentlich dazu gedacht, möglichst platzsparend Hof- und Wohnraum miteinander unter einem Dach zu vereinen. „Der Hof, den wir nach der frischen Brise, die wir bei unserer ersten und einzigen Besichtigung deutlich spürten, ‚Seewind‘ nannten, eroberte unsere Herzen sofort im Sturm“, berichtet uns Frau Greiß, die uns in ihrem Café herzlich willkommen heißt. „Wir errichteten im ehemaligen Stallgebäude einen abgeschlossenen Fachwerkraum, in dem jetzt unser ‚Wein & Teekontor‘ untergebracht ist“, fährt sie fort, „die übrige Fläche wurde zum Hofladen. Gäste, die einmal bei uns waren, kamen immer wieder und fragten beharrlich nach einem Ort, an dem sie entspannt genießen können. So entstand die Idee zur Teestube und zum Café.“ Wir können bestätigen, dass mit dem herrlichen Mobiliar und der geschmackvollen

Anfahrt:

Mit dem Auto
Nach Tossens, über Ruhwarden, Butjadinger Straße bis 600 m hinter Langwarden oder über Burhave Richtung Tossens 600 m vor Langwarden, Einfahrt direkt an der Sielbrücke.

Mit der Bahn
Bahnhof Nordenham, weiter mit Bus Richtung Tossens oder mit dem Rad immer am Deich entlang.

Essen & Trinken:

- Kaffeetafel, Butterkuchen vom Blech, Schlemmerbutterkuchen mit Sahne und hausgemachter Karamellsoße, Friesentorte mit selbst eingelegten Rumrosinen, Sanddorn-Joghurt-Torte, Bratapfelkuchen von Okt.–Dez.

Einkaufen:

- Tee und Wein im Kontor: Sommersaison: Apr.–Okt. 10 bis 12.30 Uhr u. 14 bis 18 Uhr; Wintersaison: Okt.–Mrz. 14 bis 17 Uhr Ruhetage wie im Café;
- außerdem Fleisch- und Wurstwaren, ostfriesischer Ziegenkäse, Schafsgouda, Kuhmilchkäse, handgerührte Marmeladen, Eier, Fassbutter, Honig, Sanddornprodukte, Großmutters Bonbons, Teegeschirr und Zubehör, handgemachte Seifen, Badetees

Extras:

- Malecke
- Spielplatz mit Schaukel und Sandkasten
- Minipferde auf der Weide nebenan

Übernachtung:

2 Ferienwohnungen in der 1. Etage, „Hof Seewind“ (80 u. 105 m²)

Sehenswertes in der Umgebung:

- historisches Wurtendorf Langwarden mit Kaufmannsmuseum
- Melkhüser
- Kutterhafen
- Schifffahrten zu Leuchttürmen und Robbenbänken
- Nordseelagune
- Wattensteg Burhave
- subtropisches Badeparadies und Friesenstrand Tossens
- Mühlenmuseum Moorsee
- Tier- und Freizeitpark
- Jaderberg

Einrichtung ein wunderschöner Ort entstanden ist, an dem man sich so richtig verwöhnen lassen kann. Natürlich können wir nicht alle Teesorten probieren, die es hier gibt, aber eigentlich haben wir trotzdem das Gefühl, den richtigen bestellt zu haben. Als dann noch zwei gigantische Stücke Friesentorte aufgetragen werden, müssen wir Frau Greiß bestätigen, dass auch sie und ihr Mann alles richtig gemacht haben. Und wer „Ekke Nekkepenn“ war, das lassen Sie sich ruhig selbst erzählen, bei einer wunderbaren Tasse Tee in der Teestube auf dem „Hof Seewind“!

Zwischen Weser und Elbe

Region 2

Das Meer und die weite Welt sind nah.
Der Leuchtturm an der Elbe erinnert daran.

Im 3. Jahrhundert begannen Sachsen die weiten Marschen entlang der Unterelbe zu besiedeln. Ebbe und Flut beeinflussten die Elbe in ihrem Mündungsgebiet ebenso wie Sturmfluten nach Stürmen oder Orkanen in der Nordsee. Die Siedlungsgeschichte in dieser Region ist daher gleichzusetzen mit Eindeichungen und verstärkten Bemühungen um den Küstenschutz. Von einer planmäßigen Landgewinnung kann man allerdings erst seit dem 12. Jahrhundert sprechen, als holländische Siedler das fruchtbare Schwemmland mit Deichen sicherten und im Küstengebiet Entwässerungsgräben in die Niederungsmoore gruben.

Stade, das sich bereits kurz nach der Gründung der Hanse als Konkurrent Hamburgs entwickelte, wuchs schnell zu einem bedeutenden Warenumschlagplatz heran. Lange Zeit wagten sich offizielle Vertreter Hamburgs nur unter Waffenschutz in die Stadt, deren Existenz 994 erstmals erwähnt wird. Im 16. Jahrhundert setzten sich die Hamburger Kaufleute durch; Stade wurde durch einen verheerenden Brand fast völlig zerstört.

Heute grasen Schafe friedlich auf den Deichen und halten den Pflanzenwuchs kurz. So ganz nebenbei – wenigstens wird es gelegentlich behauptet – treten sie den Boden der Deiche fest. Unter einem herrlich blauen Himmel stehen prächtige Fachwerkhäuser inmitten weiter Obstplantagen, die sich im Frühling in ein Blütenmeer verwandeln und unzählige Besucher anziehen. Im Alten Land findet sich eines der größten zusammenhängenden Obst- und Gemüseanbaugebiete Europas, das ursprünglich die wachsende Großstadt Hamburg versorgte. Die landwirtschaftlichen Kulturen des Alten Landes haben heute allerdings längst überregionale Bedeutung erlangt.

Von der langen Geschichte dieser Region, ihrem Wohlstand, aber auch dem Selbstbewusstsein der Menschen, die hier wohnen, legen die Altländer Bauernhäuser Zeugnis ab. Zwischen dem weiß gestrichenen Fachwerk der prächtigen Giebel leuchten rote Ziegel in unterschiedlichen Mustern – jedes Gefach hat ein eigenes

Ornament. Es wird erzählt, dass der Hofbesitzer nach der Hochzeit seine Braut durch die „Brauttür", auf die der Blick eines jeden Betrachters zuerst fällt, ins Haus führte. Danach wurde die Klinke entfernt: Der Alltag betrat das Haus durch eine Nebentür.

Weiter im Süden liegen die Vier- und Marschlande. Auf ihren weiten Flächen gedeihen Gemüse und Blumen. Das Kedinger Land, von Stade stromabwärts gelegen, wird als Obstanbaugebiet genutzt.

Die St.-Johannes-Kirche in Oederquart, das nicht weit von Freiburg an der Niederelbe liegt, birgt einen Schatz: In der Saalkirche steht eine Arp-Schnitger-Orgel aus dem 17. Jahrhundert.

Etwas weiter im Westen der Region liegt Otterndorf. Das romantische Städtchen, das heute vor allem vom Tourismus lebt, hat einen mittelalterlichen Kern. Neben der Lateinschule von 1614 und dem Kranichhaus bieten die Deiche entlang der hier beinahe 20 km breiten Niederelbe genügend Raum für ausgedehnte Spaziergänge. Der grüne Strand lädt im Sommer zum Sonnenbaden ein. Wer etwas wagemutiger ist, lässt sich vielleicht zu einer Wattwanderung überreden.

Kanäle und Flüsse bilden im Lande Hadeln, das in der Nähe von Cuxhaven liegt, ein ideales Wassersportgebiet. Der Hadelner Kanal reicht bis nach Bederkesa. Von hier aus gibt es über einen Kanal einen Anschluss zur Weser.

Die Schwebefähre über das schmale Flüsschen Oste ist eine technische Sehenswürdigkeit. Nirgendwo in Deutschland wird ein Fluss auf diese Weise überquert.

Die Küstenresidenz der Bremer Bischöfe, Bremervörde, ist heute ein moderner Touristik- und Ferienort. Auf dem Vörder See, an dessen Ufern viele reetgedeckte Häuser stehen, gibt es eine Fülle von Wassersportmöglichkeiten.

Die Windmühle „Aurora" in Borstel ist eine von vielen im Alten Land.

Als die Gebeine des heiligen Vitus von Corvey nach Zeven gebracht wurden, entwickelte sich das ursprüngliche Kloster frommer Benediktinerinnen schnell zu einem wichtigen und viel besuchten Wallfahrtsort. Es lohnt sich auch heute noch, die Kirche St. Vitus zu besuchen.

1 Landfrauen-Café in der Wassermühle Eitzte

Adresse:
Eitzte Nr. 4
27446 Selsingen/
OT Eitzmühlen
Tel.: 04284 927262 o. 8153
Fax: 04284 8253 o. 8153
E-Mail:
sanni.heins@t-online.de
www.landfrauen-café.de

Öffnungszeiten:
1. Apr.–31. Okt.
Sa., So. u. Feiertage
14 bis 18 Uhr
In der Woche nach Anmeldung, Frühstücksbüfett nach Anmeldung

Plätze:
70 Caféplätze

Die Wassermühle bei dem Hof Eitzte an der Oberoste in der Nähe der Ortschaft Selsingen wurde bereits um 1300 schriftlich erwähnt. Allerdings stand sie weiter in Richtung Rockstedt und befand sich im Besitz des Grafen von Hoya. Da es zu dieser Zeit keine Mühlen in Selsingen und Umgebung gab, brachten die Bauern ihr Getreide zur Eitztmühle. 1862 – mittlerweile stand die Mühle dort, wo sie sich auch heute befindet – ließ ihr Besitzer, der Stader Holz- und Kornhändler Hinrich Hagenah, das Gebäude gründlich renovieren und um das Doppelte verlängern. Über einen Transmissionsriemen trieb die Mühle jetzt auch das Sägewerk gegenüber an. Im Frühjahr 1941 fand die Mühle ein jähes Ende: Der Eisgang auf der Oste beschädigte die Mühle so stark, dass sie nicht mehr funktionstüchtig war.

Das nachfolgende Hochwasser nach der Schneeschmelze riss die Stauanlagen und eine Brücke weg. Erst 1991 nahm sich der Mühlenschutzverein Selsingen der sehr heruntergekommenen Wassermühle an und ließ sie bis 1997 sorgfältig restaurieren.

Am 1. April verpachtete der Verein die Mühle an den Landfrauenverein Selsingen. Gäste können seit dem 1. Mai 1998 hier selbst gebackenen Kuchen nach Großmutters Rezepten genießen. Ein unbedingtes Muss für jeden Kuchenliebhaber ist die Selsinger Landfrauentorte! Mühlengeist, Landfrauenlikör oder Eitzter Kaffee sind die gehaltvollen flüssigen Spezialitäten der Landfrauen in der Wassermühle.

Im Erdgeschoss der Mühle ist eine ständig wechselnde Kreativausstellung eingerichtet, in der die Landfrauen ihre Strick- und Häkelarbeiten ebenso präsentieren wie eigene Porzellan- und Keramikprodukte. Fensterbilder, Pastellmalereien, Blaudruck und Fotokarten runden das Ausstellungsangebot ab.

Die Mühle in ihrer wunderschönen Lage direkt an der Oste ist für sich gesehen schon eine Reise wert. Mühlenliebhaber können den Landkreis Rotenburg (Wümme) auf einer speziellen Mühlenroute kennenlernen.

Een Kaffeegedicht

So 'n Tass Kaffee deit got,
vun Koop bit to 'n Foot,
rech stark un rech swart,
denn bubbert dat Hart,
un dat gifft frischen Moot,
so 'n Tass Kaffee deit got.
So 'n Tass Kaffee deit got,
dat ist wie en Droom,
lüt Stück Zucker dorbi,
un denn Schlackermaschüh,
ob to Koken oder Brot,
so 'n Tass Kaffee deit got.
So 'n Tass regt opp,
sett Klönkram in 'n Kopp.
Bringt dat Mulwark in Gang,
mokt de Ogen schön blank,
bringt in Wallung dat Blot,
so 'n Tass Kaffee deit got.
Un de Strickwiever, de jappelt,
un dat Mulwark, dat babbelt,
un dat Wullknuhl, dat rappelt,
un de Köpp sind ganz rot.
So 'n Tass Kaffee deit got.
So 'n Tass Kaffee deit got,
vun Koop bit to 'n Foot.
Doch söss Tassen in 'n Mogen,
dat kun di doch plogen.
Man rennt um de Wett,
dat Klosett is besett.
Un de Wiever, de kappelt,
un de Achtersten, de zappelt.
Nu ward awers Tied,
dann is dat so wiet,
alls is weller in Loot,
so 'n Tass Kaffee deit got.

Käthe Luft

Sehenswertes in der Umgebung:

- Natur- und Erlebnispark Bremervörde
- Handwerkermuseum Sittensen
- Moorhof und Glasmuseum Gnarrenburg
- Heimatmuseum und Windmühle Selsingen,
- Mühlenroute durch den Landkreis

Anfahrt:

Mit dem Auto
A 1 Abfahrt Bockel oder Sittensen,
nördlich in Richtung Zeven,
von der B 71 in Seedorf links ab in die Dorfstraße.
Nach ca. 300 m links in die Lavenstedter Straße, geradeaus bis Eitzte.

Essen & Trinken:

hausgemachter Kuchen, Mittag- und Abendessen nach Absprache, am letzten Sonntag im Monat Frühstücksbüfett (Anmeldung erforderlich)

Einkaufen:

- selbst gebackenes Brot, Eingemachtes, Wein, Kürbis, Landfrauenlikör, Souvenirs

Extras:

- Spielecke, Spielplatz
- Baden in der Oste
- Kanuvermittlung
- Kutschfahrten, „bunter Tag“ für Gruppen nach Anmeldung
- Sehenswürdigkeiten in der Umgebung:
- Natur- und Erlebnispark Bremervörde, Handwerkermuseum Sittensen
- Moorhof und Glasmuseum Gnarrenburg
- Heimatmuseum und Windmühle in Selsingen
- Mühlenroute durch den Landkreis

2 Mühlencafé Oldendorf

Adresse:
Eichenstraße 22
27404 Zeven
OT Oldendorf
Tel.: 04281 3141
Fax: 04281 2679
E-Mail: kuecks@muehlencafe-oldendorf.de
www.muehlencafe-oldendorf.de

Öffnungszeiten:
Mo., Mi., Do., Sa.
14.30 bis 18 Uhr
So. 14 bis 18 Uhr

Plätze:
80 Caféplätze
70 Außenplätze

Wer das Besondere sucht, wird es im Zevener Ortsteil Oldendorf finden: Seit 1996 betreibt Meta Kücks hier ihr Café in der hofeigenen Mühle. „Ich bin gern mit Menschen zusammen, habe Freude am Backen, und außerdem ist da dieses wunderschöne alte Gebäude, für das ich schon lange nach einer sinnvollen Nutzung gesucht habe", berichtet Frau Kücks über ihre Gründe, ein Café zu eröffnen. Die Oldendorfer Mühle wurde 1913 errichtet und ist in den letzten Jahren liebevoll restauriert worden. Antike Möbel bestimmen die Einrichtung des gesamten Gebäudes. Kuschelige Sitzecken, hübsch gedeckte Tische – bei Frau Kücks findet jeder Gast seinen bevorzugten Platz. Ganz weit vorn in der Beliebtheitsskala rangieren bei ihren Gästen die Mohn-Marzipan- und die Sauerkirschbaisertorte. Dazu gibt es frischen Kaffee, erlesene Teesorten und einen fantastischen Eisteller. Die Wünsche ihrer Gäste stehen bei Frau Kücks ganz weit oben. Sie legt Wert auf einen aufmerksamen, aber nicht aufdringlichen Service. Im ersten Stock der Mühle präsentiert WohnART edle Tischwäsche, Teegeschirr,

Der Garten lockt im Sommer Scharen von Besuchern an.

Tischsilber, Keramik aus Italien, Kerzen, Glasartikel und Servietten. An sonnigen Tagen lieben es die Gäste, im weitläufigen Garten zu sitzen und die Stille und Atmosphäre der Mühle auf sich wirken zu lassen. Die idyllische Umgebung mit ihren Wiesen, Äckern und Wäldern tut ihr Übriges. Oldendorf ist ein bäuerlich geprägtes Dorf mit intensiver Landwirtschaft.

Spaziergänger und Wanderer finden hier eine typische, intakte norddeutsche Kulturlandschaft vor. Ein nahe gelegener Waldlehrpfad führt über 5,2 km an 54 Stationen vorbei. Interessierte oder einfach nur neugierige Gäste erfahren hier alles über die heimischen Tier- und Pflanzenarten, über die Ökologie der Wälder, ihre wirtschaftliche Nutzung und die Fotosynthese. Wer dem Symbol der Eule folgt, befindet sich hier auf dem richtigen Weg. Und wenn die Sonne langsam hinter den Baumwipfeln versinkt, dann sind Sie sicher, dass Sie nicht zum letzten Mal hierhergekommen sind!

Anfahrt:
Mit dem Auto
A 1 Ausfahrt Bockel, links auf B 71, hinter Brüttendorf links ab in die Eichenstraße

Essen & Trinken:
- selbst gebackener Kuchen und hausgemachte Torten

Einkaufen:
- exklusive Wohnaccessoires aus Frankreich und Italien

Extras:
- exklusive Wohnaccessoires aus Frankreich und Italien
- großer Sandberg im Garten zum Spielen für Kinder, Spielzeug und Malutensilien
- Kutschfahrten nach Vereinbarung, Wintergarten im mediterranen Stil mit Blick in den Bauerngarten

Sehenswertes in der Umgebung:
- Museum Kloster Zeven
- Städtische Galerie im Königin-Christinen-Haus
- Feuerwehrmuseum Zeven
- Rühlemanns Kräuter und Duftpflanzen Horstedt
- Essig- & Ölkontor Horstedt

Sauerkirschbaiser

Zutaten:
Rührteig:
125 g Fett
125 g Zucker
1 P. Vanillezucker
4 Eigelb
150 g Mehl
2 TL Backpulver
Baisermasse:
4 Eiweiß
200 g Zucker
Füllung:
1 Glas Sauerkirschen
45 g Stärkemehl
1/2 l Sahne
Dekoration:
2 EL geh. Mandeln

Zubereitung:
Rührteig: Aus den Zutaten einen Rührteig für zwei Böden herstellen.
Baisermasse: Für die Masse 4 Eiweiß mit 200 g Zucker steif schlagen.
Füllung: Dicken Sie die Sauerkirschen an und schmecken Sie mit Zucker ab; schlagen Sie die Sahne steif.

Weiterverarbeitung:
Die Baisermasse auf dem Rührteig verteilen. Streuen Sie 2 EL gehackte Mandeln darüber, und backen Sie die Böden bei 170°C 30 bis 35 Minuten lang. Nach dem Backen die angedickten Sauerkirschen auf einem Boden verteilen und die Sahne drübergeben. Abschließend den zweiten Boden aufsetzen.

3 Hof Oldenbüttel

Die Diele und die Pferdeställe des traditionsreichen Hofes Oldenbüttel strahlen heute in einem neuen Licht: Mathilde und Fritz Armbrust hatten sich Anfang der 90er-Jahre entschlossen, das ungefähr 500 Jahre alte, mit Reet gedeckte Fachwerkhaus zu einem Gasthof umzubauen. Dabei legten sie großen Wert darauf, dass die alten Bauelemente, wie beispielsweise Balken und Fenster, erhalten bleiben konnten.
Dennoch erscheinen die Räume des Cafés besonders hell. „Die Gäste sollen zum Verweilen eingeladen werden“, verrät uns Mathilde Armbrust, „sie sollen sich rundherum wohlfühlen!“ Das Erfolgsrezept klingt ganz einfach: „Hier gehört jeder zur Familie.“ Von den meisten Gästen kennt Frau Armbrust nicht nur die Namen, sondern auch so manche Familiengeschichte. Egal, wie voll das Café ist, für einen Plausch nimmt sie sich immer Zeit.
„Die Leute, die zu uns kommen, verbringen schließlich ihre kostbarste Zeit mit uns – ihre Freizeit“, erklärt sie uns. Ihre Gäste finden immer eine sehr große Auswahl an herrlichen Kuchen vor. „Zwei- bis dreimal in der

Adresse:
Freißenbütteler Straße 2
27729 Hambergen-Oldenbüttel
Tel.: 04793 2378
Fax: 04793 953279

Öffnungszeiten:
Mi.–Sa. ab 14 Uhr
So. ab 10 Uhr
sowie nach Absprache

Plätze:
80 Caféplätze
80 Außenplätze
barrierefrei
Gartendekorationen bei:
Atizar Terracottahof
Mo.–Sa. 8.30 bis 12.30 Uhr
u. 14 bis 18 Uhr

Anfahrt:
Mit dem Auto
B 74 (Grüne Küstenstraße)
Abfahrt Hambergen,
Richtung Bahnhof
Oldenbüttel, links ab in
die Oldenbütteler Straße

Essen und Trinken:
Frühstück, Mittagstisch, Kaffeetafel, Abendessen, hausgemachte Torten und Kuchen, saisonale Küche

Extras:
- Spielplatz

Woche backen wir die Böden. Zu dritt stehen wir dann in der Küche." Täglich werden die Kuchen und Torten dann vollendet. Heute tun sich vor unseren Augen Joghurt-, Sahne-, Obst- und Schokoträume auf. „Im Sommer bieten wir die fruchtigen und leichten Torten an, im Winter gibt's dann Kuchen mit Marzipan, Nuss und Schokolade", fährt Mathilde Armbrust fort.

Nur im März und Oktober macht das Ehepaar Armbrust ein paar Tage Urlaub. Den Rest des Jahres wird aufgeräumt, eingekauft, gebacken, gekocht und mit viel Herzlichkeit serviert.
Bei einem Besuch auf dem Hof Oldenbüttel werden Sie spüren, wie gut Ihnen das tut!

Naturpark Elbufer-Drawehn

Region 3

Eine einmalige Flusslandschaft: die Elbtalaue.

An der landschaftlich reizvollen Elbuferstraße findet man das kleine Städtchen Hitzacker. In seiner langen Geschichte hat es zwei Brände, die Pest, etliche Überfälle und Plünderungen im Laufe des Dreißigjährigen Krieges überstanden. Das Leben in Hitzacker, das für eine kurze Zeitspanne sogar einmal Kurort gewesen ist, läuft in ruhigen Bahnen. Nur in den Sommermonaten steigern sich das Tempo und die Lautstärke: Während der Musiktage entwickelt sich das kleine Städtchen jedes Jahr zur Musikhauptstadt Norddeutschlands. Danach nimmt das Leben wieder seinen üblichen – idyllischen – Gang. Übrigens: Trotz des nördlichen Klimas hat der Weinbau in Hitzacker eine lange Tradition. Zwischen Lauenburg und Schnackenburg erstreckt sich an den Ufern der Elbe der Naturpark Elbufer-Drawehn. Kalter Krieg und deutsche Teilung haben diese Landschaft für 40 Jahre an den Rand der Landkarte gerückt. Für die Flora und Fauna dieser Region erwies sich die politische Problemlage als wahrer Glücksfall: Auenwälder und Feuchtbiotope, der einzigartige Mischwald der Göhrde, die sich auf etwa 60 km^2 bis in die Schweinemark zieht, blieben auf diese Weise erhalten. Auf ihrer Reise in den Süden machen Vogelschwärme auf den Wiesen längs der Elbe Station. Störche waten durch hohe Gräser, bei Bleckede hat sich eine große Reiherkolonie gebildet. In den Wäldern hat das Wild einen geschützten Lebensraum gefunden. Neben ausgedehnten Kiefernbeständen findet man in der Göhrde 200- bis 300-jährige Eichenwälder. Vom Kniepenberg und dem Höhbeck bei Gorleben aus hat man einen wunderschönen Blick auf die intakte Landschaft. Auch die Wasserqualität der Elbe und ihrer vieln kleinen Nebenflüsse, deren blaues Band sattgrüne Wiesen und Weiden durchschneidet, hat sich in den letzten Jahren spürbar verbessert, sodass der Fischfang auf der Elbe eine Art Renaissance erlebt.

In südöstlicher Richtung, auf gut ausgebauten Radwanderwegen, mit dem Auto oder auch auf Schusters Rappen, kommt man bald nach Dannenberg und damit an den Rand des Wendlandes. Einzig der Waldemarturm ist von der Festung der Grafen von Dannenberg übrig geblieben. In der Stadt findet der Besucher dagegen einige noch gut erhaltene Fachwerkhäuser, deren Ziegelrot in der Sonne leuchtet. Ein sehr beliebtes, traditionelles Ausflugsziel der Dannenberger ist der nahe Penkefitzer See.

In ihren ungewöhnlich klangvollen Namen weisen Ortschaften wie Penkefitz, Waddeweitz, Wittfeitzen, Meuchefitz oder Redemoißel auf die besondere historische Situation ihrer Gründer hin. Slawische Siedler, die Wenden, ließen sich seit dem 8. Jahrhundert hier nieder und gaben dem ganzen Ländchen schließlich seinen Namen. Die Dörfer der Wenden mit ihren Fachwerkhäusern aus dem 17., 18. und 19. Jahrhundert sind eine siedlungsgeschichtliche Besonderheit.

Alle Häuser des Rundlingsdorfes zeigen mit ihrer Stirnseite auf einen Versammlungsplatz in der Dorfmitte, der von schattenspendenden Bäumen bestanden ist. Nur eine einzige Straße führt in das Dorf hinein. Die Kirche liegt immer außerhalb des Rundlingsdorfes. Ob die Wenden diese Siedlungsform wählten, um sich gegen Angriffe zu schützen, ob der Rundling ein Ergebnis von Hofteilungen oder nur Ausdruck eines besonderen Kommunikationsbedürfnisses ist – mit diesen Fragen beschäftigt sich die Fachwelt. Das Wendland dagegen freut sich auf Menschen, die im Einklang mit der Natur und ihrer Landschaft leben wollen.
Auf Störungen und Einmischungen reagieren die Wendländer heftig. Die Auseinandersetzungen um das Atommüll-Endlager in Gorleben sind – zum Teil leidvolle – Belege.

Nicht nur Naturliebhaber finden hier Ruhe und Erholung. Für zahlreiche Wasser- und Zugvögel bietet die Elbtalaue Nahrung und Quartier.

Die periodischen Frühjahrshochwasser prägen die Elbtalaue.

Adresse:
Wiesenweg 4
Walmsburg/Elbe
21354 Bleckede
Tel.: 05853 292
Fax: 05853 332
E-Mail:
info@cafe-michelshof.de
www.cafe-michelshof.de

Öffnungszeiten:
Fr.–So. u. Feiertage
14 bis 18 Uhr
Feiern nach Absprache

Plätze:
40 Caféplätze
70 Plätze auf der Tenne
50–100 Außenplätze im Kaffeegarten
120 Plätze im Zelt

1 Café Michelshof

Mit der Eröffnung des Cafés Michelshof erfüllte sich Andrea Michels einen lang gehegten Traum. Das wirklich wunderschöne Fachwerkhaus (1815 errichtet) und der dazugehörige Hof (seit 1623) sind seit Generationen schon in Familienbesitz. Natürlich steht der Hof an der Elbuferstraße unter Denkmalschutz. Das widerspricht einer modernen Nutzung keineswegs, wie die Hotelfachfrau Andrea Michels sehr eindrucksvoll unter Beweis gestellt hat.

In liebevoller Arbeit wurde das traditionsreiche Fachwerkhaus renoviert, wobei Andrea Michels darauf bestand, die alten Eichenbalken im Haus zu erhalten. Dies gelang ebenfalls mit der gesamten Fachwerkkonstruktion. Von außen macht eine große, harmonisch in das Haus eingearbeitete Glastür auf das neue Café aufmerksam.

Ein großer Vorplatz, auf dem bei schönem Wetter die Gäste im Kaffeegarten sitzen, und der Garten mit den hohen Bäumen und lauschigen Sitzplätzen erweitern das Angebot des Hofcafés und locken zu einer gemütlichen Kaffeestunde nach draußen.

Der Michelshof lädt dazu ein, die Seele baumeln zu lassen.

Im Innern des Fachwerkhauses findet der Gast harmonisch eingerichtete Kaffee-Ecken, die alle in Blau-Weiß gehalten und diesen Farben entsprechend eingedeckt sind. Ein eindrucksvoller Kachelofen sorgt im Winter für wohlige Wärme und verleiht dem Raum eine heimelige Gemütlichkeit. Die erhalten gebliebenen Lehmwände kühlen im Sommer, sorgen im Winter für ideale, warme Temperaturen.

Im Café, das durch die Eichenbalken in mehrere kleinere Räume unterteilt ist, kann der Gast sich die Räumlichkeiten aussuchen, die ihm am besten gefallen.

Dass Kuchen und Torten im Café Michelshof selbst gebacken werden, versteht sich fast schon von selbst. Die ganze Familie ist beim Backen eingespannt. Außerdem gibt es im Café eine große Auswahl an Eisköstlichkeiten. Kleine Snacks, Salate und belegte Brote ergänzen die Speisekarte. Für durstige Radfahrer, die nur mal eben so im Vorbeifahren anhalten, gibt es natürlich auch eine reiche Auswahl an kalten Getränken.

Sehenswertes in der Umgebung:

- Hitzacker, Bleckede
- Lüneburg
- Bad Bevensen
- Schifffahrten auf der Elbe
- Biosphärenreservat Elbstromtal

Anfahrt:

Mit dem Auto

A 250, weiter auf der B 4, vor Hagen auf die B 216 Richtung Barendorf, sofort wieder ab in die Lilienthalstraße Richtung Sülbeck, weiter Richtung Bleckede.

Essen & Trinken:

hausgemachter Kuchen

Einkaufen:

selbst gebackenes Brot, Wurst- und Fleischwaren, Käse, Eingemachtes

Extras:

- Spielecke mit Maltisch
- Spielplatz mit Sandkiste und freier Hoffläche
- Ponyreiten
- Kutschfahrten
- wechselnder Veranstaltungskalender (im Internet)

Adresse:
Sellien 1
29499 Zernien
Tel.: 05863 283
Fax: 05863 1837

Öffnungszeiten:
täglich 14 bis 18 Uhr
Mi. Ruhetag

Plätze:
85 Caféplätze
50 Außenplätze
Rollstuhlfahrer-freundlich

2 Selliener Dielen-Café

Hilde und Wilfried Gräfke berichten: „Wir begannen mit der Eröffnung des behaglich eingerichteten Dielen-Cafés am 27. Mai 1995 einen neuen Abschnitt in der Geschichte unseres Hofes. Die Idee dazu wuchs in der langjährigen Erfahrung mit der Direktvermarktung landwirtschaftlicher Produkte. Auf den Märkten der Umgebung präsentierten wir unsere „Wendländische Hochzeitssuppe“ sowie Kaffee und Kuchen. Mit der Zeit fragten immer mehr Kunden nach diesen Spezialitäten, die wir bis dahin nur zu besonderen Anlässen anboten. Mitte der 80er-Jahre rentierte sich für uns die Milchwirtschaft nicht mehr. Der alte Kuhstall stand jetzt leer. Das gab uns den letzten Anstoß, ein Café einzurichten. Wir haben beim Umbau des Stalls sehr sorgfältig auf die Materialien geachtet. Etwas anderes als Holz kam da als Baustoff für uns gar nicht infrage. Vielleicht ist das auch der Grund dafür, dass sich unsere Gäste hier so wohlfühlen. Beim Umbau des Stalls legten wir sehr viel Wert auf die Atmosphäre des ganzen Hofes. Seit 1844 ist der Hof im Familienbesitz. Da kann man nicht

ganz plötzlich alles verändern und die gewachsenen Zusammenhänge zerstören."
Im Dielen-Café bieten die Gräfkes eine Vielzahl fantastischer Torten an. Unbedingt probieren muss man ein Stück der Schlosstorte, die 1999 den ersten Preis beim 1. Niedersächsischen Tortenwettbewerb gewonnen hat! Eis und eine wohldurchdacht zusammengestellte Getränkeauswahl, sowie einige kalte Speisen ergänzen das Angebot. Bei schönem Wetter können die Gäste es sich auf der Terrasse gemütlich machen. Wer die Diele gern für einen besonderen Anlass oder eine Familienfeier nutzen möchte, findet bei der Familie Gräfke ein offenes Ohr. Kaum ein Wunsch bleibt hier unerhört.

Anfahrt:
Mit dem Auto
In Uelzen von der Hambrocker Straße rechts in die Hograefestraße, dann rechts in die Wendlandstraße, B 191 Richtung Pieperhöfen, B 191 weiter bis Sellien.

Einkaufen:
- hausgemachte Landwurst
- Spargel
- Kartoffeln
- Brot und Marmelade
- Wildfleisch

Extras:
- Hofladen 8 bis 18 Uhr
- Frühstück, Mittag- und Abendessen für Gruppen ab 15 Personen nach Absprache
- Spielplatz
- Hoffeste

Sehenswertes in der Umgebung:
- Rundlingsdörfer und Göhrde

3 Wiesencafé Hof Haram

Adresse:
Oldendorf II
29587 Natendorf
Tel. u. Fax: 05822 1384
E-Mail: wiesencafe@t-online.de
www.wiesencafe.de

Öffnungszeiten:
Mi.–Sa. 14 bis 18.30 Uhr
So. u. Feiertage 13 bis 18.30 Uhr
Feiern (bis 75 Personen) nach Vereinbarung

Plätze:
120 Caféplätze

Mitten in weiten Feldern und Wiesen ist das Wiesencafé in einer restaurierten Scheune untergebracht. Im Sommer lädt die Café-Terrasse mit Blick auf wogende Sonnenblumenfelder ein. Seit 1997 existiert das Wiesencafé auf dem landwirtschaftlich genutzten und familiär geführten Hof der Familie Haram.

Die Idee hierzu entstand aus Frau Harams Hobby heraus, dem Stecken von Seiden- und Trockenblumen, wobei anfangs Kaffee und Kuchen nur zu Ausstellungen gereicht wurden. Über die Ausstellungen kamen nach und nach bäuerliche Produkte, Stoffe und Geschenkartikel hinzu. Im Wiesencafé finden Sie außerdem wechselnde Ausstellungen heimischer Künstler, deren Bilder Sie selbstverständlich auch erwerben können.

Wenn es draußen ungemütlich wird, erfüllt der Duft frischen Kaffees und hausgemachter Torten das Wiesencafé.

Bekannt geworden sind Gesine Harams Buchweizen-, Kartoffel- und Apfelsekttorten und der hofeigene Laden, in dem sie ihre selbst gefertigten Seiden- und Trockenblumengestecke

Sonne, frische Luft und der schöne Garten inmitten hoher Bäume locken die Gäste ins Freie.

verkauft. Vor Weihnachten und Ostern gibt es eine Ausstellung mit eigenen kunsthandwerklichen Produkten.

Eierlikörtorte

Zutaten:
1 1/2 Gläser Preiselbeeren,
100 g Zartbitterschokolade,
5 Eier,
80 g Butter,
100 g Zucker,
1 EL Rum,
8 EL Eierlikör,
200 g gemahlene Mandeln,
400 g Schlagsahne,
1 P. Sahnefestiger,
2 P. Vanillezucker,
75 g Raspelschokolade

Zubereitung:
Schokolade hacken, Eier trennen. Eigelb, Fett und Zucker mit dem Schneebesen des Handrührgeräts cremig schlagen. Rum, 2 EL Eierlikör, Mandeln und gehackte Schokolade zufügen und untermengen. Eiweiß steif schlagen und vorsichtig unter den Teig heben. Eine Springform (24 cm Durchmesser) mit Backpapier auslegen und den Teig einfüllen. Im vorgeheizten Backofen (E-Herd 200°C) 25 bis 30 Minuten backen, aus der Form nehmen und auskühlen lassen. Dann die Preiselbeeren daraufgeben.
Sahne, Vanillezucker und Sahnefestiger mit dem Schneebesen steif schlagen. 1/4 der Sahne in einen Spritzbeutel mit Sterntülle füllen. Mit der restlichen Sahne Tortendecke und Rand bestreichen. Torte ganz dicht mit Sahnetupfen verzieren. Raspelschokolade auf den Rand und die Tupfen streuen. Restlichen Eierlikör in die Mitte der Torte gießen und vorsichtig verlaufen lassen. Genießen!

Anfahrt:
Mit dem Auto
A 7 beim AK Soltau-Ost auf B 71, vor Hötzingen links auf die B 209 Richtung Etzen, von An der Bundesstraße rechts auf die Soltauer Straße, Lüneburger Straße, Alte Poststraße, in Drögennindorf rechts in die Celler Landstraße Richtung Betzendorf, Bardenhagen, in Velgen links Richtung Oldendorf II.

Essen & Trinken:
selbst gebackene Torten und Kuchen

Einkaufen:
Agrarprodukte aus der Region, Blumengestecke, Kunstgewerbe, Bilder

Extras:
- Wanderungen durch die Heidelandschaft
- Damenmode und Accessoires

Sehenswertes in der Umgebung:
- Lüneburger Heide

Naturpark Heide

Region 4

Das Kloster Wienhausen ist ein einzigartiges Exemplar norddeutscher Backsteingotik.

Lüneburgs Reichtum, von dem noch heute prachtvolle Patrizierhäuser in der Stadt zeugen, gründete sich auf den mittelalterlichen Salzhandel. Um Nahrungsmittel zu konservieren, legte man sie in Salz ein. Salz war wertvoll wie Gold und machte die Lüneburger Kaufleute reich. Ihr Salz wurde bis in den Ostseeraum transportiert, wo es zum Einlegen des fangfrischen Fischs diente, der so in ganz Europa verkauft werden konnte. Um die sogenannten Pfannen, in denen das Salz gewonnen wurde, auf hohe Temperaturen bringen zu können, entstand ein enormer Brennholzbedarf. Die dichten Birken-, Kiefern- und Eichenwälder in der Geestlandschaft zwischen Aller und Elbe wurden kahl geschlagen. Auf den mageren Böden wuchs nichts außer Heidekraut nach. Die Bauern der Region trieben ihre schwarzköpfigen Schafe, die Heidschnucken, zum Weiden auf die Heideflächen. Auf diese Weise wurde ein Nachwachsen des Baumbestandes verhindert – nur der Wacholder widersetzte sich dem Schafbiss. Als am Ende des 19. Jahrhunderts die Wollproduktion in eine tiefe Krise geriet, schien die Kulturlandschaft der Heide sehr bedroht. Man sprach von Wiederaufforstung.

Die öde, unfruchtbare Fläche hatte aber in der Zwischenzeit eine ganz eigene Attraktivität entwickelt: Künstlerkolonien schossen wie Pilze aus dem Boden, Texte von Hermann Löns machten die Heide und ihre Atmosphäre populär, Naturschützer setzten sich für die typische Landschaft aus Heide, Moor, Laub- und Nadelwäldern, Flussauen und Wiesentälern ein, der Egestorfer Pastor Bode nutzte seine Popularität, um überall für den Erhalt der Kulturlandschaft Heide zu werben, Kaiser Wilhelm II. gestattete eine Lotterie, deren Erlös zum Kauf eines Gebietes

Heidschnucken und Schäfer gehören auch heute noch zum Bild der Heide.

Die schöne Heidelandschaft zieht viele Menschen an, die hier Ruhe und Erholung suchen.

rund um den Wilseder Berg, mit 169 m Norddeutschlands höchste Erhebung, bestimmt war. 1910 wurde der „Naturschutzpark Lüneburger Heide“ gegründet, der den Bestand der Heidelandschaft sicherte und gleichzeitig als Muster für die deutschen Naturschutzgebiete diente.

Die touristische Nutzung begann unmittelbar nach der Gründung des Naturschutzparks. Noch heute zieht die Heideblüte im Spätsommer eine Vielzahl von Besuchern an. Zwischen blühender Calluna vulgaris und Wacholderhainen dürfen sich die Gäste allerdings nur zu Fuß oder in Pferdekutschen bewegen, denn das Naturschutzgebiet rund um den kleinen Ort Wilsede ist für den Autoverkehr gesperrt. Das Heidemuseum vermittelt eine Vorstellung vom Leben der Heidjer. Ganz besonders sehenswert ist der Emmannhof von 1609, der komplett von Emmingen nach Wilsede versetzt wurde.

Heidschnuckenbraten und Heideblütenhonig aus dem Nektar der lilafarbenen Blüten erfreuen sich großer Beliebtheit bei den erholungssuchenden Wanderern. In Bad Bevensen (1162 erstmals urkundlich erwähnt) erwarten den Besucher Hügelgräber der Bronzezeit, Wanderungen auf dem Waldlehrpfad, sommerliche Schiffstouren auf dem Elbe-Seitenkanal und ein modernes Kurzentrum mit Thermal-Jod-Sole-Hallen.

Nahebei liegt der verträumte Ort Bienenbüttel, in dem sich bereits vor Jahrhunderten wohlhabende Lüneburger Patrizier erholten.

Zwischen Hermannsburg und Unterlüß trifft man auf den kleinen Ort Lutterloh, den Geburtsort des mittelalterlichen Kaisers Lothar von Supplinburg.

Von Hermannsburg aus startete der evangelische Pastor Ludwig Harms am Ende des 19. Jahrhunderts seine Missionsbewegung, deren Missionare Indien, Äthiopien, den Süden Afrikas und Australien erreichten.

Das Kloster Wienhausen, eines der sechs Lüneburger Klöster, wurde um 1225 von Agnes von Landsgerg, Schwiegertochter Heinrichs des Löwen, gegründet. In der Woche nach Pfingsten zeigen die Nonnen Besuchern die Schätze ihres Klosters: neun gotische Bildteppiche mit geistlichen und weltlichen Darstellungen.

1 Bauerncafé Rölings Hof

Was gibt es Schöneres, als an Wochenenden in herrlicher Atmosphäre gemütlich Kaffee zu trinken? Seit 1998 lädt Sie das Bauerncafé Rölings Hof im idyllischen Sprakensehl genau zu diesem Vergnügen ein. Die Idee zu dem Café soll beim Ausprobieren des alten Backofens entstanden sein. Bemerkenswert, dass der Backofen ausschließlich mit Holz auf Temperatur gebracht wird. Frau Röling stellt nach alten Rezepten köstliche Butterkuchen und wunderbar duftende Sauerteigbrote her, für die manch einer einen weiten Weg auf sich nimmt, denn Sprakensehl liegt inmitten unverbrauchter Natur und damit fernab von stärker besiedelten Ballungsräumen.

Im Ortskern, gleich neben dem Dorfteich und der Kirche, liegt der Hof, der sehr lange Zeit ausschließlich landwirtschaftlich genutzt wurde. Neben den schon erwähnten Köstlichkeiten überraschen die Rölings ihre Gäste immer wieder mit unnachahmlichen Torten.

Von heißen Getränken in der kalten Jahreszeit über ein frisches Bier vom Fass bis hin zu einem exquisiten Landfrauenlikör, reicht die abwechslungs-

Adresse:
Rölings Hof
Schulstraße 1
29365 Sprakensehl
Tel.: 05837 666
Fax: 05837 1246

Öffnungszeiten:
Mi.–Sa. 14 bis 19 Uhr,
So. 11 bis 19 Uhr
sowie nach Voranmeldung

Plätze:
110 Caféplätze
Außenplätze:
auf zwei Terrassen
150 Plätze im Garten,
40 Plätze überdacht

Hinter dem Haus finden die Gäste auf einer wunderschönen Terrasse ein lauschiges Plätzchen. Und mit ein bisschen Glück wird das Teetrinken sogar mit Livemusik untermalt.

Alle Produkte werden mit viel Liebe und noch mehr Sorgfalt hergestellt.

Zu besonderen Anlässen gibt es Spezialitäten vom Grill und für die Kinder eröffnet sich eine Fülle von Spielmöglichkeiten.

reiche Getränkekarte. Erlesene Tees fehlen hier ebenso wenig wie eine exzellente Tasse Kaffee. Für junge Gäste gibt es eine Menge zu entdecken, der einladende Spielplatz ist nur ein Anlaufpunkt von vielen.

Das Herz der Rölings aber schlägt für die Musik. In den Sommermonaten veranstalten sie in ihrer Scheune, die übrigens über eine erstaunliche Akustik verfügt, in einer lockeren Folge Konzerte: Der Spannungsbogen reicht vom Jazzfrühschoppen bis zum großen klassischen Konzert. Diese Veranstaltungsreihe sollten Sie sich auf keinen Fall entgehen lassen. Also: Entspannen Sie sich einmal so richtig im Bauerncafé Rölings Hof, vergessen Sie den Alltag, tanken Sie neue Kraft – die Rölings und ihre Helfer stehen Ihnen dabei sehr wohlwollend zur Seite!

Übrigens: Wenn Sie erst einmal in Sprakensehl sind, wird es Ihnen ausgesprochen schwerfallen, diesen wunderschönen, romantischen Ort wieder zu verlassen.

Aber als Trost aus dem Munde eines Mitleidenden sei Ihnen versichert: Sie können ja immer wiederkommen.

Begrüßung

Guten Tag, lieber Gast!

Bitte kommen Sie herein und setzen sich für ein Weilchen bei uns nieder! Vergessen Sie einmal bei Kaffee, Tee und Kuchen die Sorgen des Alltags!
Genießen Sie für ein paar Stunden die ländliche Atmosphäre, und Sie werden erleben, dass Sie bei uns hier in dem Bauerncafé neue Kraft tanken können.
Wir, die Familie Röling und Helfer, werden alles tun, damit es Ihnen an nichts fehlt und Sie sich wie zu Hause fühlen können.
Niemand ist ohne Fehler, und wenn es mal kleine Pannen geben sollte, seien Sie nicht gleich ungeduldig, drücken Sie ein Auge zu oder sprechen uns doch einfach mal an, und wir werden Ihnen helfen.

Danke!
Wir wünschen Ihnen einen schönen Aufenthalt in unserem Café.

Anfahrt:

Mit dem Auto

Von Celle nach Altencelle, Richtung Lachtehausen, in Lachtehausen rechts ab in die Wittinger Straße Richtung Beedenbostel, hinter Steinhorn links ab auf B 4 Richtung Sprakensehl. Das Café liegt in der Dorfmitte neben der Kirche.

Essen & Trinken:

- selbst gebackene Torten und Kuchen, Mittag- und Abendessen nach Voranmeldung
- Muschel- und Krebsessen
- Wildspezialitäten in den Wintermonaten
- Gänseessen in der Vorweihnachtszeit

Einkaufen:

selbst gebackenes Brot, Bücher

Extras:

- Spielplatz
- Konzerte in der Scheune
- Mittag- und Abendessen, auch für größere Gruppen, nach Voranmeldung

Sehenswertes in der Umgebung:

- Otterzentrum Hankensbüttel
- Kloster Isenhagen
- Jagdmuseum Oerrel
- Mühlenmuseum Gifhorn
- Celle mit Schloss und historischer Altstadt

2 Café Wilkens

Adresse:
Bahnhofstraße 11
29643 Neuenkirchen
Tel.: 05195 1484
E-Mail: wilkens-rittner@web.de

Öffnungszeiten:
Mitte Mrz.–Ende Nov.
14 bis 18 Uhr geöffnet
Ruhetage Di. u. Mi.

Plätze:
55 Caféplätze
30 Außenplätze
20 Plätze in sep. Raum

Zum Hof Wilkens gehört eine größere Forst, die voll bewirtschaftet wird. Im Café finden wir eine große Auswahl an selbst gebackenen Torten und Kuchen. Unser Favorit ist die Heidelbeertorte mit essbaren Blüten. Während wir im „Blauen Zimmer“ einen gemütlichen Kachelofen und Einrichtungen aus der vorletzten Jahrhundertwende finden, ist der andere Teil des Cafés von moderner Kunst inspiriert. Gerade dieses Nebeneinander zwischen Tradition und Moderne macht aber auch den besonderen Reiz des Cafés aus. Nach Kaffee und Kuchen zieht es uns dann nach draußen, zur Kunst. Von der „Tiefen Straße“ biegen wir nach wenigen Schritten in die „Kirchstraße“ ein, vorbei an dem idyllischen Dorfteich. Eine kleine Brücke führt uns nun über den Hahnenbach. Wir folgen der Markierung (Delfin) auf den Höhenweg über dem Hahnenbachtal und stoßen bald auf das erste Objekt: Sechs Findlinge verteidigen gegen eine Eisenwalze die sich hinter ihnen öffnende Landschaft – ein offenes Kräftemessen zwischen Natur und Technik. Beeindruckt setzen wir unseren Weg fort,

Im Sommer geht es nach draußen auf die Terrasse.

Unterhaltung mit internationalen Evergreens am Flügel.

Richtung Rutenmühle. Wir folgen nicht der Abzweigung zur B 71, sondern gehen weiter und entdecken eine Ruhebank am Waldrand. Von hier haben wir einen herrlichen Blick auf die unverbaute Landschaft. Nach einem ausgedehnten Spaziergang, der uns immer wieder zu überraschenden Kunstobjekten in einer intakten Landschaft führt, kehren wir zurück zum Hof Wilkens. Hier wartet ein wunderbares Abendessen auf uns. Herr Wilkens nimmt am Flügel Platz, und schon bald tragen uns seine Evergreens noch einmal in Gedanken hinaus. Als wir die Rückreise antreten, sind wir sicher, dass das Nebeneinander von bäuerlichem Leben und den Ansätzen moderner Kunst unser Herz gewonnen hat. Wir werden wiederkommen, ins Café Wilkens und zur Kunst.

Anfahrt:
Mit dem Auto
A 7 Abfahrt Soltau Ost,
B 71 durch Soltau bis nach Neuenkirchen
A 1 Abfahrt Stuckenborstel,
B 75 bis Rothenburg,
B 71 Richtung Soltau bis Neuenkirchen

Essen & Trinken:
selbst gebackene Torten und Kuchen

Extras:
- Unterhaltung am Flügel
- Auf Anfrage werden Feiern (ab 15 Pers.) ausgerichtet z.B. Heidschnuckenspezialitäten oder Kartoffelbuffet u. 4 bebilderte Wandblätter „Kunst in der Landschaft“ liegen kostenlos im Café Wilkens bereit

Übernachtung:
3 Ferienwohnungen à 4 Betten

Sehenswertes in der Umgebung:
- Kunstverein Springhornhof
- mit Fahrradverleih
- 37 Kunstobjekte in der Landschaft

3 Hofcafé Quellen

Adresse:
Quellen 2
21255 Wistedt (bei Tostedt)
Tel.: 04182 1277
Fax: 04182 23189
E-Mail: cafe@hof-quellen.de
www.hof-quellen.de

Öffnungszeiten:
Sa.–So. 10 bis 18 Uhr
sowie nach Vereinbarung

Plätze:
80 Caféplätze (Nichtraucher)
80 Außenplätze barrierefrei

Nach einer anstrengenden Woche haben wir uns das wirklich verdient: eine Fahrt ins Grüne. Die Vorzeichen stehen günstig, denn die Sonne lacht – kein Wölkchen am Himmel auf unserer Fahrt nach Quellen. Als wir dort aussteigen, umfängt uns sofort eine entspannte Atmosphäre. Vögel zwitschern, Bienen summen, und der Wind fährt ganz leicht durch die Gräser der Wiesen. Unter den dichten Kronen stattlicher Linden gehen wir durch eine kleine Allee auf das prachtvolle Niedersachsenhaus zu, dessen Fachwerk weiß in der Sonne leuchtet. Draußen im Garten ist schon eine Menge los: Herrliche Tortenstücke, Kännchen mit duftendem Kaffee oder Tee werden an uns vorbeigetragen. Wir sind uns jetzt schon ziemlich sicher, dass sich der Weg gelohnt hat. Andrea Rothschild hat fast zehn Jahre hart gearbeitet, um ihren Traum wahr zu machen. Auf dem Familienerbe sollte wieder Gastronomie betrieben werden. „Ich bin eine leidenschaftliche Köchin“, bekennt Frau Rothschild. „In meinem Hofcafé können Sie hausgemachte Kuchen und Torten nach überlieferten Rezepten und ei-

genen Kreationen kosten, vom Vollkornbutterkuchen geht es bis zur Champagnertorte." Daneben bietet die Speisekarte auch deftige Gerichte, vom Kräuterbraten bis zur „Lammkeule mediterran". Natürlich stammt das Fleisch aus der hofeigenen, biologischen Produktion. Wer's lieber vegetarisch mag, der wird von dem breiten und erlesenen Angebot des Cafés begeistert sein. „Seit einiger Zeit", schwärmt Frau Rothschild, „gibt es jetzt das Café Rothschilds in Tostedt. In meinem neuen Café-Bistro führe ich auch eine Auswahl bester Feinkost." Nach dem Gespräch mit Frau Rothschild finden wir schließlich auf der Hofterrasse ein lauschiges Plätzchen und genießen einen feinen Tee und ein Stück von der herrlichen Mohn-Käse-Torte mit Pfirsich. Besser kann es uns gar nicht gehen! Zum Abschluss unseres Besuches in Quellen machen wir noch einen kleinen Spaziergang durch den Garten zu dem kleinen Teich und der nicht weit vom Haus entspringenden Oste. Hier lassen wir neben unseren Beinen im Wasser auch noch unsere Seelen ein bisschen baumeln, bevor wir wieder nach Hause fahren.

Anfahrt:
Mit dem Auto
A 1 Abfahrt Hollenstedt, Richtung Tostedt, dort rechts auf die B 75, Richtung Bremen, in Wistedt vor der Fußgängerampel links in die Quellener Straße nach ca. 2 km wird der Hof erreicht

Essen & Trinken:
Frühstück, Mittagstisch, Kaffeetafel, hausgemachte Torten und Kuchen, Abendessen

Einkaufen:
Brot, Käse, Wurst- und Fleischwaren, Eingemachtes, Obst und Gemüse, Gänse, Töpferware, Bücher, Schaffelle

Extras:
- Café Rothschilds, Triftstraße 5, Tostedt (Café, Bistro, Feinkost), Di.–So. 10 bis 18 Uhr

Sehenswertes in der Umgebung:
- Moorbesichtigung in Tiste bei Sittensen
- Fahrt mit der Moorbahn nach Voranmeldung
- Heidespaziergänge
- Naherholungsgebiet

4 Hofcafé Tätendorf

Nicht weit von der B 4 entfernt, inmitten von grünen Wiesen, liegt das Hofcafé Tätendorf. Hier kann man es sich gut gehen lassen bei einer Tasse frischem Kaffee oder Tee. Wir stellen den Wagen ab und gehen die letzten Meter zu Fuß, obwohl es natürlich auch einen Parkplatz direkt am Haus gibt. Schon von Weitem können wir das schmucke Fachwerkhaus mit seinen roten Ziegeln erkennen. Die Sonne scheint, die Wiesen duften, und auf der Pferdekoppel grasen friedlich ein paar stolze Rösser. Ein wirklich idyllisches Bild. Wir nehmen auf der Terrasse vor dem Haus Platz, und bald schon haben wir die Qual der Wahl: Sollen wir uns der unglaublichen Buchweizentorte widmen oder doch lieber der Mascarpone-Marzipan-Torte, auf die Bärbel Kleinfeld zu Recht besonders stolz ist? Eine leckere Alternative wäre der Blechkuchen mit den frischen Erdbeeren. Für den deftigeren Geschmack wäre eines der herzhaften, mit Wildspezialitäten belegten Brote das Richtige. Frau Kleinfeld, die das Hofcafé seit 2001 betreibt, berichtet, dass wir in den Sommermonaten das über Buchenholz gegrillte ganze

Adresse:
Dorfstraße 23
29576 Tätendorf
Tel.: 05806 980340
Fax: 05806 980342
www.hofcafe-taetendorf.de

Öffnungszeiten:
Do.–So. ab 12 Uhr
alle Feiertagen und jederzeit auf Anmeldung

Plätze:
60 Caféplätze
35 Plätze auf der Außenterrasse

Anfahrt:
Mit dem Auto
Tätendorf liegt direkt an der B 4 Uelzen Richtung Lüneburg, Nähe Bad Bevensen.

Essen & Trinken:
Kaffee- und Teevariationen, hausgebackener Kuchen und hausgemachte Torten, Mittagessen, Abendessen, Honig, Marmelade, Wildspezialitäten

Übernachtung:
3 Doppelzimmer,
1 Appartement,
1 Ferienwohnung,
Pferdepension

Sehenswertes in der Umgebung:
- Sole-Therme im Kurbad Bad Bevensen
- Schiffsfahrt auf dem Elbe-Seitenkanal
- Schleusung und Besichtigung des Schiffshebewerks Scharnebeck
- Wacholder-Heide in Eimke
- Klein Bünstorfer Heide
- Wildgatter
- Kutschfahrten ab Bad Bevensen
- Hundertwasser-Bahnhof in Uelzen

Spanferkel auf keinen Fall verpassen dürften. Wir glauben ihr gern, auch wenn die frischen Lachsforellen, die es auf Anfrage in Folie gebacken gibt, für uns durchaus konkurrenzfähig sind. Das Hofcafé Tätendorf bietet einen wunderschönen Blick von der Terrasse auf die abwechslungsreiche Landschaft in der Umgebung, die zu einem Spaziergang nach dem Kaffee einlädt. Aber auch der Innenraum mit dem Kachelofen, der an alte bäuerliche Tradition erinnert, lockt mit gemütlicher Atmosphäre und anheimelnder Behaglichkeit. Es ist, als hätten wir schon immer auf dieser Terrasse gesessen oder uns um den Kachelofen versammelt. Vielleicht liegt es nicht nur am guten Essen, sondern auch an der besonderen Gastfreundschaft der Familie Kleinfeld, dass wir uns hier so schnell heimisch gefühlt haben. Auch Tätendorf hat auf unserer Landkarte von Norddeutschland ab heute auf jeden Fall einen besonderen Platz!

5 Heide-Café Bartels

Natürlich muss man mindestens einmal im Jahr den wunderbaren Kuchen im Heide-Café Bartels genossen haben, auch das bekannte Naturschutzgebiet „Bullenkuhle" verspricht immer wieder einen Spaziergang der besonderen Art für Naturliebhaber, aber richtig neugierig haben uns die Gartenausstellungen „Rosenträume" und „Herbstzauber" gemacht.

Familie Bartels betreibt das Heide-Café seit 1990. Vorher wurde das Gebäude als Scheune und Stallung genutzt. Als die Landwirtschaft jedoch in die Krise geriet, entwickelten die Bartels eine neue Idee. Eine immer noch steigende Gästezahl ist sicheres Indiz für die Beliebtheit der Torten und Kuchen, die die Chefin alle selbst backt und zum Teil nach alten Familienrezepten herstellt. Dabei kommen nur die besten Zutaten in den Teig. Besondere Erwähnung verdient ihre Buchweizentorte, die mit einer guten Tasse Kaffee jeden Nachmittag aufs Köstlichste abrundet. Regionale Gerichte, auf die jeweilige Jahreszeit abgestimmt, finden einen stetig wachsenden Liebhaberkreis. Neben Stint-, Spargel-, Fisch- und Kartoffel-

Adresse:
Zur Günne 16
29365 Bokel
Tel.: 05837 359
Fax: 05837 9809
www. heide-cafe.de

Öffnungszeiten:
Di.–Sa. 14 bis 18 Uhr
So. 11.30 bis 18 Uhr
sowie nach Absprache für Gruppen ab acht Personen

Plätze:
120 im Innen- und Außenbereich

Anfahrt:
Mit dem Auto
Von Celle auf der B 191 bis Breitenhees, dann B 4 Richtung Gifhorn. Nach ca. 3 km links ab Richtung Bad Bodenteich. Am Ortseingang Bokel links ab in „Zur Günne".

Essen & Trinken:
hausgemachter Kuchen, selbst gebackenes Brot, Mittag- und Abendessen nach Absprache

Extras:
Über aktuelle Termine u. Veranstaltungen informiert das Heide-Café auf seiner Homepage.

Sehenswertes in der Umgebung:
- Otterzentrum Hankensbüttel
- Kloster Isenhagen
- Jagdmuseum Oerrel
- Mühlenmuseum Gifhorn
- Schulmuseum Steinhorst
- Celle mit Schloss und historischer Altstadt
- Museumsdorf Hösseringen
- Hadau See
- Hundertwasser-Bahnhof Uelzen

essen ist vor allem das Entenessen weit über die Kreisgrenzen hinaus bekannt. Aber das Essen allein ist es nicht, das die Gäste in das gemütliche Café am Ortsrand von Bokel zieht. In unmittelbarer Nähe beginnt die Heide – viele Gäste beginnen vom Heide-Café aus eine kleine Wanderung oder sie wandeln auf den Spuren von Hermann Löns.
Als die Schatten langsam länger werden, gehen wir zurück ins Café und lassen uns von einem herzhaften Imbiss stärken. Dabei gibt es die eine oder andere Neuigkeit aus der Region zu erfahren. Aber die Rezepte für ihre Torten hütet Frau Bartels nach wie vor wie ihren Augapfel. Macht aber auch nichts: Wenn man den Weg erst einmal gefunden hat, kommt man ohnehin immer wieder!

6 Dorfcafé Alte Schule Hösseringen

„Mein Garten ist etwas sehr Individuelles“, erklärt uns Mila Schrader, als sie uns in der sonntagnachmittäglichen Sonne des Frühsommers durch das Grün hinter der alten Schule im Heidedorf Hösseringen führt. Hinter der Schule erstreckt sich die parkähnliche Anlage, in deren Zentrum sich ein Rondell aus Hainbuchen und ein klassischer Bauerngarten finden. Überall in diesem Garten stoßen wir auf Besonderheiten: Ein altes Motorrad koexistiert friedlich mit einem Grabkreuz unter einem schützendem Rundbogen, eine ausrangierte Badewanne wurde als Miniteich gestaltet. Nicht weit davon stehen – seit den 30er-Jahren – zwei Maulbeerbäume. Mila Schrader hat all diese Dinge, die Pflanzen, die Bäume mit viel Bedacht erhalten, ausgewählt und zueinander in Beziehung gesetzt. Das macht die Individualität und den besonderen Reiz dieser Gartenanlage aus. Die Gestaltung war zu Beginn eine wahre Herkulesaufgabe, denn – so erinnert sich Mila Schrader – „als wir anfingen, standen hier sehr viele Nadelbäume.

Adresse:
Hinter den Höfen 7
29556 Suderburg-Hösseringen
Tel.: 05826 8343
Fax: 05826 8397
E-Mail:
info@dorfcafe-hoesseringen.de
www.dorfcafe-hoesseringen.de

Öffnungszeiten:
So. u. Mo. 8.30 bis 18 Uhr
Di.-Sa. 8.30 bis 21.30 Uhr

Plätze:
40 Caféplätze
(nur Nichtraucher)

Entsprechend düster war der Garten.“ Davon ist heute nichts mehr zu spüren.

Auf der Terrasse hinter der Schule haben sich zu diesem frühen Zeitpunkt bereits einige Gäste versammelt und genießen die selbst gemachten Torten bei einer wunderbaren Tasse Kaffee oder Tee.

Über der Terrasse ranken Weinreben an einem patinierten Kupfergerüst, die an heißen Sommertagen luftigen Schatten spenden. Auch die Torten, die wir im Café bestaunen, werden von Mila Schrader und ihrem Team selbst hergestellt.

Als sie mit ihrem Mann in den 80er-Jahren aus Süddeutschland nach Hösseringen kam, hatte es ihr die alte Schule schnell angetan. Aber auch hier galt es, eine Unmenge von Arbeiten zu erledigen, bevor sich das alte Gebäude in den heutigen Zustand verwandelte. Bei all diesen Arbeiten entwickelte Mila Schrader ein ganz besonderes Gefühl für das historisch Gewachsene. Eine Atmosphäre ist hier ent-

standen, in der die Gäste in aller Ruhe und Ausgiebigkeit in den alten Schulutensilien stöbern können oder in den Publikationen der „Edition:anderweit Verlag", eines Verlages, den Frau Schrader – mal so eben nebenbei – gegründet hat und federführend betreut; in der man sich locker und ungezwungen fühlen kann, vielleicht wegen der überall gegenwärtigen Kunst und Gebrauchskunst; in der man verwöhnt wird von besonderen Leckerbissen; vor allem aber eine Atmosphäre, die von Mila Schraders Persönlichkeit geprägt ist. Inzwischen sind die Fremdenzimmer und Bett & Bike Betrieb dazugekommen und als dörfliche und regionale Besonderheit ein Tante-Emma-Laden mit alltäglichen und schönen Dingen wie z. B. Bonbons in Spitztüten u. v. m. Genießen Sie einen anregenden Nachmittag oder Abend im Dorfcafé Alte Schule in Hösseringen. Wir waren jedenfalls begeistert!

Anfahrt:
Mit dem Auto
B 4 Celle–Lüneburg,
Richtung Suderburg,
Richtung Hösseringen.

Essen & Trinken:
hausgemachte Torten,Eis, Imbiss und wechselnde Speisen

Einkaufen:
Hofladen (täglich 6.30 bis 18 Uhr geöffnet): alltägliche, regionale und schöne Dinge sowie Bücher

Extras:
- Gartenführungen
- Lesecafé in einer alten Dorfschule
- naturnahe, parkähnliche Gartenanlage mit Objekten
- Spielecke und Spielplatz
- Schultafel mit Kreide zum Spielen
- kleine Sammlung der Alltagskultur

Sehenswertes in der Umgebung:
- Museumsdorf Hösseringen
- Aussichtsturm
- Hundertwasser-Bahnhof
- Uelzen
- Kulturhistorischer Wassererlebnispfad Hardautal

7 Hofscheune Wörme – Hof Kröger

Adresse:
Im Dorf 8
21256 Wörme
Tel.: 04187 441
oder 04187 7366
Fax: 04187 1047
E-Mail: mail@hof-kroeger.de
www.hof-kroeger.de

Öffnungszeiten:
Nur nach vorheriger Anmeldung!

Plätze:
Backhaus: 15–35 Plätze
Hofscheune: 20–75 Plätze
Große Scheune: 100–450 Plätze
Luellfs Hus: 70–200 Plätze

Ein erster Beleg für Wörme liegt in einer schriftlichen Urkunde aus dem Jahr 1352 vor. Weitere Urkunden aus dem 15. Jahrhundert sowie etwa 31 Nachweise bis 1879 deuten fast alle auf die zwei heute noch bestehenden Höfe in Wörme hin. Hof Nr. 1 befindet sich nachweislich seit Beginn des 17. Jahrhunderts in Familienbesitz, sodass heute die 17. Generation auf dem Hof lebt. Lange Zeit war der Hof ein rein landwirtschaftlicher Betrieb. Die günstige Oberflächengestaltung und zahlreiche Naturquellen sowie die vorbeifließende Seeve ermöglichten 1895 die Einrichtung der ersten privaten Forellenzucht in Norddeutschland. Durch weiteren Ausbau entstanden zwei – heute verpachtete – überregional anerkannte Forellenzuchten. Der landwirtschaftliche Betrieb auf dem Hof Kröger hat sich mittlerweile auf die Haltung von Pensionspferden spezialisiert. Die Pferde werden in modernen Außenboxen und Offenställen gehalten. Die ruhige Lage des Hofes, saftige Seeve-Wiesen und ein hervorragendes Ausreitgelände

Ein Blick in die wunderschönen Innenräume.

direkt am Hof bieten beste Voraussetzungen für den Reitbetrieb. Im Zuge der Sanierung historischer Hofgebäude wurde Ende der 80er-Jahre ein weiterer Betriebszweig, die Gästebewirtung, eingerichtet. Speis und Trank werden nach Tradition des Hofes und der Region Heide offeriert. Spezialitäten sind so z. B. Heidschnuckenbraten und Buchweizenpfannkuchen mit der Wörmer Lachsforelle. Eine Bewirtung erfolgt ausschließlich nach vorheriger Anmeldung in z. Zt. zwei Gebäuden: Im Historischen Backhaus, in dem heute noch Brot, Butterkuchen und andere Spezialitäten im Lehmbackofen zubereitet werden, und in der Hofscheune. Ausgrabungen deuten darauf hin, dass seit vielen Jahrhunderten Backöfen an ebendieser Stelle standen. Die Dreiständer-Scheune steht unter Denkmalschutz. Beide Häuser bilden einen schönen Rahmen für Hochzeiten, Geburtstage und andere Familienfeiern sowie für Jubiläen, Betriebsausflüge u. Ä.

Anfahrt:

Mit dem Auto

A 1 Ausfahrt Dibbersen, auf B 75 Richtung Dibbersen, vor Trelde links ab auf B 3 Richtung Sprötze, Höckel, in Welle links ab in die Handeloher Straße, in Handeloh links ab in Wörmestraße Im Dorfe.

Essen & Trinken:

Heidschnuckenbraten, Forellenspezialitäten vom eigenen Hof, Wild aus eigenem Revier, Lehmbackofenbrot

Extras:

- Heidekutschfahrten in historischen Kutschen
- Heidewanderung auf den Spuren von Hermann Löns,
- forstökologische Wanderung
- Fahrradtouren durch den Heidenaturpark
- niederdeutsche Erzählungen
- Heidetänze
- Hofführungen
- Feldarbeit mit Pferd und Pflug auf dem Acker
- Ponyreiten

Sehenswertes in der Umgebung:

- Kunsttempel „Bossard“
- Schmetterlingspark Holm-Seppensen
- naturkundliches Museum
- „Alte Schmiede“ in Handeloh

8 Meyerhöms' Hofcafé

Adresse:
Oldendorfer Straße 7
29320 Hermannsburg/
OT Beckedorf
Tel.: 05052 3636
Fax: 05052 8990
E-Mail: info@meyerhoems-hermannsburg.de
www.meyerhoems-hermannsburg.de

Öffnungszeiten:
täglich 14 bis 22 Uhr,
So. 12 bis 22 Uhr
(durchgehend warme Küche)
Di. Ruhetag

Plätze:
65 Caféplätze
25 Plätze im Raucherraum
60 Außenplätze
120 Plätze in der Scheune

In Beckedorf, einem traditionsreichen Bauernort in der Südheide, betreibt Brigitte Lange seit 1995 ihr Hofcafé. Auf der alten Hofstelle hat sich seither einiges verändert: Der ehemalige Kälberstall ist nun zur urgemütlichen Bauernstube geworden, in der an kalten, ungemütlichen Tagen das Feuer romantisch im Kamin knistert. In der warmen Jahreszeit locken Sitzplätze in der Sonne oder im lichten Schatten der Eichen auf die Terrasse und an den Teich. Schnell stellt sich innerliche Ruhe und Entspannung ein in dieser idyllischen Oase. Auf die Kinder wartet der „Racker-Acker", wo sie nach Herzenslust herumtoben können, während der Rest der Familie in Ruhe das Kaffeetrinken genießt. Leckere „Stachelbeer- , Buchweizen- und Kirschtorte sind unsere Favoriten und meine speziellen Saisontorten", berichtet Frau Lange voller Stolz. Ihr Hofcafé bietet auch für Familienfeiern jeglicher Art, Gruppenfahrten und Betriebsfeste den richtigen, stilvollen Rahmen. Dieses Grundkonzept wird gerade in die nächste Generation getragen, denn Tochter Steffi Utrecht, eine gelernte Köchin, ent-

Für die jüngeren Gäste steht der „Racker-Acker" zur freien Verfügung.

wickelt gerade ein herrliches Angebot ausgewählter Menüs oder Büfetts. Nach einem Spaziergang oder einer Radtour durch Wald und Heide kann man hier nun knusprige Bratkartoffel-, Schnitzel- und Steakgerichte zur Stärkung finden.

Ein besonderer Höhepunkt im Jahr ist das Kartoffelfest Anfang September, das längst schon eine eigene Tradition entwickelt hat. Livemusik und ein Hobbymarkt sorgen dann für fröhliche Stimmung und buntes Treiben auf dem Hof Meyerhöms.

Auch außerhalb des Cafés können die Gäste Kaffee und Kuchen genießen.

Anfahrt:
Mit dem Auto
Ab Celle Richt. Scheuen, Eversen, Beckedorf oder B 3 Bergen Richt. Beckedorf – dann im Ort Richt. Oldendorf.

Essen & Trinken:
selbst gebackene Torten und Kuchen, Vesperangebote, Pizza, Salate, Bratkartoffel-, Schnitzel- und Steakgerichte

Einkaufen:
Dosenwurst, Mettwurst und Schinken

Extras:
- Feiern aller Art in der Bauernstube
- Raucherraum und Feierscheune
- Kartoffelfest
- Schlachtessen u.a.

Sehenswertes in der Umgebung:
- Otterzentrum Hankensbüttel
- Kloster Isenhagen
- Jagdmuseum Oerrel
- Mühlenmuseum Gifhorn
- Celle mit Schloss und historischer Altstadt

9 Ole Müllern Schün

Adresse:
Ria Springhorn
Alte Dorfstraße 6
29328 Müden/Örtze
Tel.: 05053 94122
Fax: 05053 903520
Mobil 0172 7072078
www.ole-muellern-schuen.de

Öffnungszeiten:
täglich 14 bis 18 Uhr
Jun.–Okt. Mo. Ruhetag
Nov.–Mai Mo. u. Di. Ruhetag

Plätze:
90 Caféplätze
60 Außenplätze

Der „Müllern Hof" ist das älteste Anwesen in Müden an der Örtze. Das bereits im Jahr 1022 erwähnte Mühlengut wurde im 15. Jahrhundert in den Hof Nr. 1, den „Müllern Hof" mit der historischen Wassermühle, und den Hof Nr. 2, den Martenshof, aufgeteilt. Nachdem der letzte Namensträger Dietrich Müller im Ersten Weltkrieg gefallen war, erhielt der Name Springhorn durch Einheirat Einzug in die Familie Müller. Durch Rückgänge der Erträge in der Landwirtschaft begannen Ria und Karsten Springhorn die Geschicke des Hofes auf neue Beine zu stellen: Die große Scheune wurde Ende 70er-Jahre ausgebaut und bot zunächst Platz für Kunst- und Handwerksausstellungen. Mitte der 90er-Jahre machte Ria Springhorn ihre Backleidenschaft zum Beruf und verwirklichte sich mit dem Bauerncafé Ole Müllern Schün. Als wir in die Alte Dorfstraße mit ihrem Kopfsteinpflaster und den prächtigen alten Eichen einbiegen, nimmt uns das Flair eines gewachsenen Dorfes mit langer Tradition sofort gefangen. Das „Bauerncafé" finden wir in der großen Scheune des ältesten Anwesens in Müden an

der Örtze. Umgeben von rustikalen Balken, Holzdecken und landwirtschaftlichen Geräten aus vergangenen Tagen der bäuerlichen Zunft fühlen wir uns hineinversetzt in die „gute Stube" alter Bauernhäuser. Sobald wir durch die Tür treten, umfängt uns der Duft von frischem Kaffee und hausgemachten Kuchen und Torten. Die Markenzeichen des Cafés sind der unverwechselbare rustikale Charme – verbunden mit bäuerlicher Gemütlichkeit –, traditionelle Rezepte und die beeindruckende Größe der Torten- und Kuchenstücke. Draußen, unter den Eichen, auf dem Hof, verlässlich „bewacht" von alten Findlingen, lassen wir uns nieder und lassen unsere Blicke schweifen.

Frau Springhorn findet einen Moment Zeit für uns und klärt uns schnell auf: „Es ist eine Mischung aus Leidenschaft und Professionalität und die Liebe zum Detail, die mich zum Backen gebracht hat. Es finden nur die Zutaten den Weg in den Teig, die Füllungen und in die aufwendigen Verzierungen der Kuchen und Torten, die meinen Ansprüchen an Frische und Qualität entsprechen und

Anfahrt:

Mit dem Auto
Von Celle auf der B 3 Richtung Bergen, abfahren über Hassel, über Sülze Richtung Hermannsburg nach Müden/Oertze.

Essen & Trinken:

selbst gebackene Torten und Kuchen, sowie kalte Küche

Einkaufen:

- Hofladen „Gänseblümchen": Geschenkartikel für Groß und Klein, Duftöle, Duftkerzen, mehr als 80 Teesorten und Bücher
- Hofladen „Annes Tenne": Honig und Wurstwaren aus der Region, Marmeladen, Nudeln und verschiedene Senfsorten, Bio- Olivenöl aus Griechenland, Liköre und Brände in Direktabfüllung
- Hofladen „Der Schrotspieker": Modische und funktionelle Bekleidung für Sie und Ihn

Extras:

- großzügige, denkmalgeschützte Hofanlage
- historische Parkanlagen
- Flussnähe

Sehenswertes in der Umgebung:

- Dorfspaziergang
- historische Wassermühle mit wechselnden Ausstellungen
- Löns-Stein
- Heideflächen
- Heidepark
- Vogelpark
- Wildpark
- Celle und Lüneburg

den Geschmack eines jeden Backwerks einzigartig werden lassen."

Nach dem Kaffee und einem Stück leckerer „Meistertorte" (Frau Springhorn war 2006 norddeutsche Tortenmeisterin) finden wir den Weg in die neue Gartenanlage des „Müllern Hofs", die in der Zeit von April bis Mai 2008 auf der Grundlage historischer Zeichnungen und Fotos durch die Familie Springhorn geplant und neu angelegt wurde. Als die Sonne sich neigt, fahren wir zurück, aber diesen schönen Nachmittag in Müden behalten wir in unserer Erinnerung.

10 To'n olln Peerstall

Wenn Bauer Mielmanns Stimme über den Hof schallt, heben die Pferde kurz den Kopf. Sie wissen, was jetzt kommt. Gerade fährt ein Bus mit Ausflüglern durch das weite Tor auf den Bauernhof in Lüder am Rande der Heide. Wenige Minuten später sitzen die Gäste dann schon in traditionellen Kutschen, vor denen die Pferde geduldig auf ihren Auftritt warten. Dann geht es los: Über kleine Feldwege führt Herr Mielmann seine Gäste heute durchs Moor, in dem die Wollgrasblüte langsam dem Ende entgegengeht. Wenn der Frühling vorbei ist, vergehen nur ein, zwei Monate, bis die Heideblüte einsetzt. Dann führt er seine Gäste sachkundig durch die Ausläufer des Heidegebietes. Er weiß eine Menge zu erzählen, vom Moor, von der Heide, den Leuten hier, seinen Gästen und den geliebten Pferden. Heinrich Mielmann ist hier aufgewachsen, und er ist fest verwachsen mit seiner Heimat. Das spüren die Gäste schnell – sie fühlen sich wohl auf dem Erlebnisbauernhof. Kutsch- und Planwagenfahrten können sie als Frühstücks-, Mittags- oder Kaffeefahrt unternehmen. Nach der Ausfahrt landen die Gäste

Adresse:
Hauptstraße 28
29394 Lüder
Tel.: 05824 96500
Fax: 05824 965050
E-Mail:
service@bauernhofhotel.de
www.bauernhofhotel.de

Öffnungszeiten:
täglich ab 14 Uhr

Plätze:
120 Caféplätze

Anfahrt:
Mit dem Auto
Von Celle nach Westercelle, Altencelle, Beedenbostel, Celler Str., Eldingen, Steinhorst, hinter Steinhorst links auf B 4 Richtung Sprakensehl, Behren, Bokel, Reinstorf, vor Bodenteich Richtung Lüder, von Hinter der Aue rechts ab in die Hauptstraße.

In der Scheune sammelt Bauer Mielmann alte Fuhrwerke.

Essen & Trinken:
hausgemachter Kuchen, deftige Mahlzeiten

Extras:
- Kaffee- und Eisspezialitäten, Waffeln Streicheltiere
- großer Kinderspielplatz mit Kinderhaus
- Hannoveraner Kaltblutzucht
- Kutsch- und Planwagenfahrten nach Anmeldung

Übernachtung:
Hotel, Ferienwohnungen, Heuhotel

Sehenswertes in der Umgebung:
- Naturschutzgebiet Lüder Bruch
- Moor, Luft- und Kneippkurort Bad Bodenteich

im Bauerncafé, wo es dann entweder ein herzhaftes Frühstück, ein Mittagessen mit Eintopf und Bockwurst oder leckeren, selbst gebackenen Kuchen mit frischem Kaffee gibt. Die Speisekarte des Bauerncafés ist ausgesprochen reichhaltig. Eine besondere Spezialität ist der Kartoffelhof. Hier können Sie Pellkartoffeln, Bratkartoffeln oder Gratins mit Kartoffeln aus eigenem Anbau genießen.

Auf dem Hof finden viele Kinder und Neugierige immer etwas Interessantes. Da gibt es eine große Scheune voller alter Kutschen und Gerätschaften. Katzen schauen verschlafen aus dem Wageninneren und lassen sich von der Betriebsamkeit auf dem Hof nicht aus der Ruhe bringen. In dem neu eingerichteten Wintergarten hinter dem Bauerncafé lassen sich Familienfeiern ausrichten, oder es wird auf eigene Faust am offenen Feuer gegrillt und gefeiert. Lüder selbst rühmt sich als „Ort der tausend Eichen". Wir haben sie nicht alle gezählt, aber irgendwie könnte es schon stimmen. Und hinter dem Hof, über eine kleine Brücke, da beginnt schon das große Moorgebiet. Sie können hier lange Spaziergänge durch eine intakte Naturlandschaft unternehmen und sich gleichzeitig von Herrn Mielmann alles übers Moor erzählen lassen.

Für die Feriengäste hält Bauer Mielmann in einem Nebenhaus praktisch eingerichtete Ferienwohnungen und Einzelzimmer bereit. Gruppen oder interessierte Familien finden im Heuhotel eine zünftige Unterkunft.

11 Hofcafé Löscher

Wir sind froh, das Getriebe der Großstadt hinter uns zu lassen, als wir die Fähre in Zollenspieker besteigen, die uns langsam, Meter für Meter, über die Elbe in ruhigere Gefilde führt. In der Nähe des Ilmenau-Sperrwerks erreichen wir den kleinen Hafen Hoopte und gehen an Land. Vor uns liegen weite Marschen und blühende Obstbaumplantagen. In der sehr milden Frühlingsluft streiten wir beinahe ein wenig darüber, ob wir Apfelblüten riechen oder nicht. Ich bin mir jedenfalls ganz sicher, dass es hier so riecht wie Äpfel schmecken! Nach einem kleinen beruhigenden Spaziergang am Deich entlang, auf dem uns viele Radfahrer und Inlineskater begegnen, liegt das Hofcafé Löscher vor uns.

Vom ersten Augenblick an sind wir gefangen von dem Licht, das das Café durchfließt. Aus der ersten Etage haben wir einen weiten Blick über Elbe und Marschen. Wir nehmen Platz in schicken, aber dennoch sehr bequemen Korbstühlen und blicken uns neugierig um: Neben historischen Balken und Ziegeln, die an das ursprüngliche Fachwerk erinnern, blicken wir immer wieder auf helles Holz

Adresse
Hoopter Elbdeich 77
21423 Winsen/Luhe OT Hoopte
Tel.: 04171 669268
Fax: 04171 62271
E-Mail:
info@hofcafe-loescher.de
www.hofcafe-loescher.de

Öffnungszeiten
Apr.–Jul.
Di.–So. 11.30 bis 18 Uhr
Aug.–Mrz.
Di.–So. 13.30 bis 18 Uhr
Familienfeiern nach Absprache
Mo. Ruhetag

Plätze
140 Caféplätze
50 Außenplätze auf der Dachterrasse
barrierefrei

Hof Löscher

Anfahrt:
Mit dem Auto
A 250, Abfahrt Winsen West oder Winsen Ost, weiter Richtung Stelle, weiter Richtung Hoopte

Mit der Bahn
Bahnhof Winsen/Luhe

Essen & Trinken:
Frühstück, Mittagstisch, Abendessen, Kaffeetafel, hausgemachte Torten und Kuchen

Einkaufen:
im Hofladen:
Apr.–Jul. 9 bis 18 Uhr,
Aug.–Dez. 13.30 bis 18 Uhr,
Januar bis März geschlossen
Wurst- und Fleischwaren, Brot, Eier, Käse, Spargel, Erdbeeren, Wein, Grünkohl, Präsentkörbe

und moderne Einrichtung. Hier ist eine hervorragende Mischung sehr gelungen aus Tradition und Moderne.
Wir werden herzlich begrüßt, und schon bald stehen zwei Tassen dampfender Kaffee vor uns. Trotz des regen Betriebs findet Britta Löscher, die das Café seit April 2004 betreibt, einen Augenblick Zeit für uns. Auf ihre Empfehlung lassen wir uns zwei riesige leckere Stücke Kirschtorte schmecken. „Viele der Rezepte für die Torten und Kuchen stammen von meiner Oma, und meine Konditorin macht daraus unwiderstehliche Versuchungen“, berichtet sie stolz. Wir können ihr nur zustimmen. Frau Löscher erzählt uns, dass das jetzige Café bis 2003 noch als

Stall genutzt wurde. Als sie dann nach einem Praktikum aus St. Moritz an die Elbe zurückkehrte, reifte in ihr langsam der Plan, ein eigenes Café aufzubauen. „Das alte Gebäude von 1900 wurde im oberen Teil ganz erneuert und dabei ein wenig erhöht, sodass wir wunderbar über den Deich blicken können. Die alten Steine haben wir abgetragen, die Holzbalken aufgearbeitet. Alte Möbel vom Hof der Eltern vervollständigen nun die Einrichtung meines Cafés", erfahren wir weiter von Frau Löscher.

Je nach Saison versorgt der elterliche Betrieb Café und Hofladen mit Spargel oder Grünkohl. Dann wird das Café vorübergehend zum Restaurant, auch für Familienfeiern. Im Frühsommer dreht sich im Hofcafé Löscher alles um Erdbeeren, natürlich aus eigenem Anbau; im Herbst bestimmen Kürbisse in allen Variationen das Bild das Cafés, aber auch die Speisekarte.
Glücklich und zufrieden treten wir unsere Rückreise an, wieder über den Fluss, in die Stadt, zurück ins Getriebe des Alltags.

Extras:
- Spielecke
- Ziegen
- Erdbeer- und Spargelhof
- Selbstpflückfelder
- Blumen zum Selbstschneiden
- Elbdeichlage mit einzigartigem Blick auf die Elbe

Sehenswertes in der Umgebung:
- Hamburg
- historische Altstadt Lüneburg
- Schifffahrten auf der Elbe

12 Rosencafé

Adresse:
Südstraße 4
29348 Eschede
Tel.: 05142 410739
E-Mail:
info@rosencafé-eschede.de
www.rosencafé-eschede.de

Öffnungszeiten:
Do.–So. 14 bis 18 Uhr
sowie nach Vereinbarung

Plätze:
50 Caféplätze
40 Plätze auf der
Außenterrasse

Das Wetter sieht gar nicht so vielversprechend aus, als wir ins Auto steigen. Aber wir sind optimistisch, denn in der Region um Eschede haben wir noch immer genügend Sonnenstrahlen eingefangen. Unser Ziel, von dem wir schon viel Gutes gehört haben, ist das Rosencafé. Als wir in die Südstraße einbiegen, verschwinden auch die letzten Wolken, und das alte Bauernhaus, das um 1880 erbaut worden ist, liegt in seiner ganzen Schönheit vor uns. Es herrscht ziemlicher Betrieb, denn die Torten und Kuchen, die Frau Cichy nach alten Rezepten herstellt, haben den Ruf des Cafés weit über die Grenzen der Region getragen. Dennoch findet sie Zeit und Muße, uns voller Stolz von ihrem schönen Café zu erzählen. „Wir haben das alte Fachwerkhaus mit viel Liebe saniert. Dabei haben wir sehr sorgfältig darauf geachtet, dass sich der Stil des Hauses nicht verändert“, erklärt uns Frau Cichy. Dann führt sie uns in den herrlichen Garten, in dem es nach Rosen duftet, in dem sich aber auch andere Blumen finden. Auch hier haben die Eigentümer darauf geachtet, den

Grundgedanken des Bauerngartens zu bewahren. „Wenn es unseren Gästen in der Sonne zu heiß wird, dann bietet der Innenhof eine wunderbar ruhige und schattige Alternative“, sagt Frau Cichy. Bevor wir uns hier nun niederlassen und uns mit Kaffee und Torte verwöhnen lassen, schlendern wir noch ein wenig durch den alten Ortskern Eschedes. Die malerische Johanniskirche verleiht unserem kleinen Ausflug einen wahrhaft romantischen Charakter.

Uns ist klar: Wir sind nicht zum letzten Mal zum Rosencafé in Eschede aufgebrochen!

Anfahrt

Mit dem Auto

In Eschede rechts auf die Albert-König-Straße einbiegen, Richtung Scharnnhorst/Eldingen, dann in die Südstraße.

Extras

Aktuelles findet man auf der Homepage des Rosencafés.

Sehenswertes in der Umgebung

- Otternzentrum Hankensbüttel
- Kloster Isenhagen
- Jagd-Museum Oerrel
- Mühlenmuseum Gifhorn
- Celle mit Schloss und historischer Altstadt

An Weser und Aller

Region 5

Je nach Wetter und Stimmung idyllisch oder schaurig-schön: der Grundlose See im Teufelsmoor.

Nördlich von Bremen erstreckt sich das Teufelsmoor. Seinen Namen trägt es nicht etwa wegen der besonderen Boshaftigkeit seiner Bewohner oder der zeitweiligen Anwesenheit des Satans, sondern wegen seiner Beschaffenheit: Hier wächst nichts, der Boden ist unfruchtbar. Der diesen Zustand bezeichnende niederdeutsche Begriff lautet „duven". Drei Schichten Torf, die sich über einen Zeitraum von ca. 8 000 Jahren gebildet haben, lassen sich im Teufelsmoor voneinander unterscheiden. Die unterste Ablagerung wird als „Klipp" oder „geiler Torf" bezeichnet, in der Mitte findet man schwarze Torfablagerungen und zuoberst liegt der weiße Torf. Das Torfstechen stellte über einen langen Zeitraum die einzige Einnahmequelle der Menschen im und am Moor dar. Im Torfschiffswerft-Museum in Schlußdorf bei Worpswede können sich Besucher ein Bild davon machen. So mussten die Frauen die Torfkähne ziehen, während der Torfbauer am Steuer stand. Im 18. Jahrhundert begannen Holländer mit der Kolonisation des Moores. Sie deichten Wümme und Hamme ein und entwässerten das Moor mit Gräben. Die Gräben und Kanäle entwickelten sich zu den eigentlichen Verkehrsadern des Teufelsmoors.

1884 entdeckte der junge Maler Fritz Mackensen zufällig das einsame Dorf Worpswede am Rande des großen Moores. Mit einigen anderen Künstlern ließ er sich hier 1889 nieder.

Die jungen Künstler wollten in der freien Natur malen, die Kunst der Hörsäle und Ateliers widerte sie an. Sie suchten nach neuen Wegen in der Kunst und im Zusammenleben. Zeitweilig wohnten auch Hans am Ende, Otto Modersohn, Fritz Overbeck, Heinrich Vogeler, Paula Becker-Modersohn und Rainer Maria Rilke in Worpswede. Die Künstlerkolonie wendete sich radikal gegen die Konventionen der Kunst und der Gesellschaft. Vielleicht hat diese Radikalität auch den Ort Worpswede geprägt. Vogeler, aufgrund eines an den Kaiser gerichteten Friedensappells zeitweilig in einer Irrenanstalt interniert, residierte im Barkenhoff, den er ebenfalls ganz nach seinen Vorstellungen gestaltete. Das Café Worpswede und der Bahnhof des kleinen Dorfes wurden ebenfalls im Jugendstil gestaltet. Beeindruckend wirkt auch heute noch der expressionistisch gestaltete Niedersachsenstein. Heute bietet Worpswede jungen Fotografen, Bildhauern, Malern und Schriftstellern Stipendien und Arbeitsmöglichkeiten.

Die Mischung aus idyllischer Landschaft und künstlerischer Lebensweise zieht immer noch viele Gäste aus aller Welt an, die hier auf den Spuren des Expressionismus und des Jugendstils wandeln. Aber auch die Gastronomie und die intakte Moorlandschaft finden ihre Liebhaber. Das „Breite Wasser" in der Nähe der Hamme mit seinem Knopf- und Wollgras ist für die Besucher besonders eindrucksvoll.

Bad Bederkesa, dessen Burganlage im 15. Jahrhundert im Auftrag des Bischofs von Bremen errichtet wurde, liegt in der Nähe eines Kanals, der zur Geeste führt. Dieser Fluss mündet wiederum in die Weser. Voller Stolz können die Bewohner des kleinen norddeutschen Städtchens von sich sagen, dass sie direkt an der Wasserstraße vom Mittelmeer zum Nordkap wohnen. Wasser gibt es hier genug: Da ist der etwa 200 Hektar große Bederkesaer See, nicht weit entfernt liegt die Flögelner Seenplatte; Elbe und Weser findet man gewissermaßen direkt vor der Haustür. Segeln, Surfen, Angeln gehören hier zum Alltäglichen.

In Flögeln, einem idyllischen Bauerndorf in der Nähe von Bad Bederkesa, können Besucher auf einem Vorgeschichtspfad einige Großsteingräber entdecken. Ausgedehnte Wälder und saftige Wiesen laden zum Wandern und zu Radtouren ein.

Zwei Plastiken in Worpswede: Freude und Zorn.

1 Forsthaus Heiligenberg

Wohl dem, der die herrliche Landschaft und die ursprüngliche Natur rund um das Forsthaus Heiligenberg zu Fuß erreicht, denn auf diesem Weg „erfährt" der Besucher die ganze Schönheit und Ruhe dieses Fleckchens Erde. Wir haben uns frühmorgens von Bruchhausen-Vilsen auf den Weg gemacht. Durch kleine Täler und dichte Laubwälder, immer wieder den Lauf der Dille und der Eyther kreuzend, erreichen wir den Ringwall, der die gesamte Anlage umgibt. Zum Teil ist diese Begrenzung natürlichen Ursprungs; um 800 aber haben Menschenhände diesen Schutzwall vollendet.

Gräfin Katharina von Hoya, Äbtissin von Wienhausen, ließ dann einen Fachwerkbau errichten, der ihr als Unterkunft während der Jagd diente. Den Quellen nach muss dies vor allem für die Jagd mit Falken gewesen sein. 1964 wurde das staatliche Forstamt wieder privatisiert. Kurz danach hat dann die Familie Brüning das Forsthaus Heiligenberg übernommen. „Zunächst wollte ich hier nur ein Landcafé betreiben", berichtet uns Frau Brüning, „aber als das dann so gut einschlug,

Adresse:
Heiligenberg 3
27305 Bruchhausen-Vilsen
Tel.: 04252 93200
Fax: 04252 932020
E-Mail: hotel@forsthaus-heiligenberg.de
www.forsthaus-heiligenberg.de

Öffnungszeiten:
Mo.–So. durchgehend geöffnet

Plätze:
120 Caféplätze

Anfahrt:
Mit dem Auto
Das Erholungsgebiet Heiligenberg erreichen Sie über die B 6.
Der Weg zum Forsthaus ist gut ausgeschildert, und über die herrlichen Wander- und Radwege ist das Forsthaus zu Fuß sowie mit dem Fahrrad angenehm zu erreichen.

Essen & Trinken:
Café- und Restaurantbetrieb, hausgebackener Kuchen, regionale Spezialitäten wie Diepholzer Moorschnucke, Wild, frische Forellen, Spargel, Pilze, Familienbrunch

haben wir Schritt für Schritt das Restaurant und den Hotelbetrieb entwickelt." Dabei ist es der Familie Brüning immer ein besonderes Anliegen gewesen, bodenständige bäuerliche Kultur mit den Annehmlichkeiten des modernen Lebens zu verbinden.
Inmitten satten Grüns leuchtet uns das Weiß der äußerst prächtigen Fachwerkbauten entgegen. Friedlich grasen Pferde auf der Koppel davor im Schatten einer mächtigen Eiche. Unter den Sonnenschirmen auf der Terrasse hat sich bereits eine ansehnliche Gästeschar versammelt. Alles atmet Ruhe und Gelassenheit. Wir sind augenblicklich gefangen von der Atmosphäre und beschließen, nicht weiterzuwandern, sondern den Tag hier zu genießen. Im Kräutergarten setzen wir uns auf eine bequeme Bank und überlassen uns den Düften der Kräuter. Wir entdecken verschiedenste Salbei-Arten, natürlich Petersilie, aber auch Baldrian und Artischocken. Frau Brüning erzählt uns später, wie wichtig es ihr ist, dass ihre Gäste auch ihren Geruchssinn schärfen. Der Bauerngarten mit seinen herrlichen Blumen und den unzähligen Duftrosen ist Beleg dafür. Im Restaurant werden vor allem regionale und saisonale Produkte verarbeitet – nur die Weinkarte ist international. Besonderen Zuspruch finden die frischen Forellen und der Martfelder Ziegenkäse, die von der Speisekarte nicht wegzudenken sind. Das gemütlich und stilvoll eingerichtete Restaurant verfügt über einen Kamin, der auch in den kalten Jahreszeiten Behaglichkeit garantiert. Vierteljährlich erscheint der Kulinarische Kalender. Dieser bietet einen Überblick über die sehr vielfältigen kulturellen Attraktionen und saisonalen Spezialitäten, die im Forsthaus angeboten werden.
Für Interessierte bietet Familie Brüning auch Führungen an, z.B. zur Pferdezucht. Nur hundert Schritte vom Haus entfernt liegt ein wunderschöner Waldspielplatz. Die idyllische Lage des Hauses bietet einen besonderen Rahmen für Tagungen und Seminare. Ob drinnen oder

inmitten des Grüns, hier tagt es sich einfach gut. Das Rahmenprogramm wird hierfür individuell zusammengestellt und lässt keine Wünsche offen. Das Forsthaus Heiligenberg wurde als eines der besten Tagungshotels in Deutschland ausgezeichnet.

Der Wellnessbereich des Forsthauses ist gediegen und geschmackvoll eingerichtet: Neben einer finnischen Sauna können Gäste auch die Biosauna mit Licht-, Dampf- und Aromatherapie nutzen und sich anschließend in der großzügigen Ruhezone erholen. Das Erholungs- und Landschaftsschutzgebiet Heiligenberg liegt inmitten der sanften Hügel des Geestrückens. Hier findet man ein gut ausgebautes Radwegenetz wie auch sehr interessante Wanderwege.

Uns ist schnell klar, dass wir nicht zum letzten Mal hier sein werden, vor allem, nachdem wir uns entschieden haben, die Nacht im Forsthaus Heiligenberg zu verbringen – in der „Ringwall-Suite". Aber deren Geheimnisse sollten Sie selbst erforschen!

Übernachtung:
Hotel mit 2 Einzel-,
13 Doppelzimmern und
2 Suiten

Extras:
- Ausrichtung von Veranstaltungen, Tagungen, Seminaren
- Familienfeiern
- Waldspielplatz
- Kutschfahrten
- Stallbesichtigung
- Kulinarischer Kalender
- „Wohlfühl-Arrangements"

Sehenswertes in der Umgebung:
- Hof Brüning landwirtschaftlicher Betrieb mit Hannoveraner-Pferdezucht
- 5 verschiedene Mühlen (wind- und wasserbetrieben)
- Wasserspielplatz
- Museumsbahn

Adresse:
Groß Henstedt 8
27211 Bassum
Tel.: 04241 2623
Fax: 04241 970248
E-Mail:
he.buchholz@t-online.de
info@stoevers-gasthaus.de
www.stoevers-gasthaus.de

Öffnungszeiten:
Mai–Sep. So. 14.30 bis 18 Uhr
Maislabyrinth von Jul.–Sep.

Plätze:
25 Caféplätze
25 Außenplätze
85 Plätze in Gaststätte
und Klubräumen

2 Hofcafé Stöver-Buchholz

Der Kirschbaum vor dem alten Backhaus steht in voller Blüte. Man könnte fast denken, mitten im Frühling sei der Winter für einen kurzen Augenblick zurückgekehrt. Aber bei näherem Hinsehen erkennen wir, dass der grüne Rasen, der sich hinter dem Stöver'schen Hof erstreckt, keinesfalls ein Winterrasen ist. Das Grün der Halme sticht im Frühlingslicht deutlich hervor, beinahe künstlich. Einige Tische stehen bereits draußen, ein paar Gäste – noch in wärmenden Jacken – haben die Sonne gesucht und gefunden. Auf den Tischen stehen Kaffeekännchen, Tassen und herrlich anzusehende Tortenstücke.

Hier in Henstedt, einem kleinen Dorf mit 122 Einwohnern, inmitten von Feldern, Wiesen und Waldstücken, hat sich bäuerliche Tradition und Liebe zum Landleben – zum Glück für die vielen Gäste des Hofcafés Stöver – gehalten. Die Torten sind natürlich selbst gebacken, nur mit den besten Zutaten und nach bewährten Rezepten. Auf eine lange Tradition blickt auch die Landgaststätte Stöver zurück: Sie ist seit 135 Jahren in Familienbesitz. Dabei hat es die Familie Buchholz, die jetzt auf

Die alten Bäume schmiegen sich dicht an das Fachwerk.

dem Hof wohnt, verstanden, Gaststätte und Café behutsam zu modernisieren, ohne den Charme und die Atmosphäre bäuerlicher Kultur zu zerstören. Die Gäste wissen dies zu schätzen. In der Woche ist die Gaststätte mit ihrer rustikalen Speisekarte der Hauptanziehungspunkt, während die Wochenenden eher den Cafégästen gehören. Die nahe Umgebung lädt zu Spaziergängen oder einer kleinen Radtour ein; geübtere Radler machen sich gleich an die Strecke Bremen–Osnabrück und nutzen die idyllische Lage des Stöver-Hofes für eine erholsame Rast.

Eingebettet in landwirtschaftlich genutzte Flächen erwartet Sie das Café.

Anfahrt:
Mit dem Auto
A 1 Ausfahrt Bremen Brinkum, auf die B 6, B 51 Richtung Seckenhausenbis Klenkenborstel, in Klenkenborstel von der Bremer Straße rechts Richtung Hassel, hinter Hassel rechts in die Börder Straße Richtung Groß Henstedt.

Essen & Trinken:
hausgemachter Kuchen; Mittag- und Abendessen nach Absprache

Sehenswertes in der Umgebung:
- Tierpark Petermoor
- Hallen- und beheiztes Freibad
- Stiftskirche
- Damenstift in Bassum

Adresse:
Teufelsmoor 4
27711 Osterholz-Scharmbeck
Tel.: 04796 951095
Fax: 04796 951096
E-Mail:
cafezumbrinkhof@gmx.de
www.cafezumbrinkhof.de

Öffnungszeiten:
Apr.–Okt.
Mo.–So. 13 bis 18 Uhr
Nov.–Mrz.
Mi.–So. 14 bis 18 Uhr
sowie nach Vereinbarung.

Plätze:
100 Caféplätze
60 Außenplätze
Rollstuhlfahrer-geeignet

3 Café zum Brinkhof

Das Café zum Brinkhof liegt inmitten landwirtschaftlich genutzter Wiesen- und Weideflächen. Das schöne alte Fachwerkhaus ist von Bäumen umgeben und hebt sich mit seinen freundlichen Rottönen klar vom Grün der Landschaft ab. Der Hof mitten im Naturschutzgebiet „Breites Wasser" steht unter Denkmalschutz. Das alte Niedersachsenhaus wurde 1816 errichtet und wird noch heute als landwirtschaftlicher Betrieb voll bewirtschaftet. Im Schatten alter Bäume, in deren Wipfeln man ein beständiges Rauschen hört, bietet das Café im Sommer mit einer schönen Terrasse ein herrliches Plätzchen an, an dem man bei einer Tasse Kaffee den wunderbaren selbst gebackenen Kuchen in der freien Natur genießen kann.

Auf der gemütlichen Bauerndiele präsentiert die Familie Wellbrock ländliche Möbel und Antiquitäten. Die Räume des Cafés sind geschmackvoll eingerichtet, der alte Steinboden vermittelt ein typisch ländliches Lebensgefühl. Neben dem Kuchen steht im Sommer auch Eis auf der Karte, was besonders die Kinder freuen dürfte. Familien- und Weihnachtsfei-

Auf der Diele warten Antiquitäten und eine geschmackvoll gedeckte Tafel.

ern gehören ebenso zum Repertoire der Wellbrocks wie die Veranstaltung von Kohlfahrten im Winter. Seit 2005 gibt es auch einen neuen Raum, die „Brinkhof–Diele“. Hier kann man gemütlich seinen Kaffee trinken und gleichzeitig durch eine Glaswand in den Kuhstall blicken. Näher kommt man dem Bauernhof wohl kaum. Aber auch für Gäste, die mit dem Fahrrad oder dem Auto weiter nach Worpswede reisen wollen, lohnt sich ein Zwischenstopp auf dem Brinkhof. Dann können sie die Buchweizentorte nach altem Hausrezept ausprobieren oder erfahren, was ein Moorteufel ist. Eine besondere Spezialität der Wellbrocks sind die Bratkartoffeln mit Knipp, deren Duft viele Gäste geradezu magisch anzulocken scheint.

Aber ganz bestimmt werden sie den wundervollen Blick in Erinnerung behalten, den man auf die weitläufige Wiesenlandschaft hat.

Anfahrt:
Mit dem Auto
A 27 Ausfahrt Bremen Ipohl, B 74 Richtung Stade, Abfahrt Worpswede/Pennigbüttel, nach ca. 5 km in Teufelsmoor zweiter Hof auf der rechten Seite

Essen & Trinken:
hausgemachter Kuchen, Mittag- und Abendessen nach Vereinbarung

Einkaufen:
selbst gebackenes Brot, Wurst- und Fleischwaren, Käse, Eingemachtes, Antiquitäten, Gemälde, Keramik, Souvenirs, Bücher

Extras:
- Spielplatz
- Hof- und Stallbesichtigung
- geführte Wanderungen im Naturschutzgebiet

Übernachtung:
Ferienwohnungen

Sehenswertes in der Umgebung:
- Künstlerdorf Worpswede
- Bremen
- Schifffahrtsmuseum Bremerhaven
- Zoo am Meer in Bremerhaven
- Vogelpark Walsrode
- Märchenpark Verden

Entlang der Ems

Region 6

Warum Venedig? Auch im Emsland gibt es mit seinen zahlreichen Fehnkanälen viel Wasser, Boote und schmucke Paläste – wie hier das Rathaus in Papenburg.

Zwischen Salzbergen im Süden und Papenburg im Norden erstreckt sich das Emsland: kleine Wäldchen, satte Wiesen, weite flache Felder, Heide und Moor und natürlich die Ems, die behäbig durchs Land fließt. Malerische Dörfer, einsame Birkenalleen, Bäche und ungezählte Fehnkanäle, die sich von Zeit zu Zeit zu kleinen Seen mit flüsterndem Schilfrohr verdichten, ergänzen das Bild einer weitgehend naturbelassenen Landschaft. Über die Kanäle und Abzugsgräben begannen die ersten Kolonisationsversuche. Immerhin bedecken auch heute noch Moore und sumpfige Flächen große Teile des Emslandes: Durch das Bourtanger Moor im Westen verläuft die Grenze zu den Niederlanden, im Norden liegen das Wilde Moor und das Wesermoor, im Osten die weiten Flächen des Hahnenmoors und der Speller Dose.

Über die flachen Ebenen ist der Windberg mit seinen 73 m Höhe weithin sichtbar. Der Windberg ist die höchste Erhebung des Hümmlings. Im Friesischen bezeichnet Hümmel oder Humpel eine Anhöhe, einen Buckel oder Höcker. Heute offenbart sich der Hümmling mit den ihn umgebenden Mooren als gastliches Ausflugs- und Feriengebiet. Während des Dreißigjährigen Krieges hielten sich hier allerdings Räuberhorden versteckt, die keinen Reisenden ungeschoren davonkommen ließen. Davor war der Hümmling keltisches, friesisches und sächsisches Siedlungsgebiet.

Die beste Methode, um Land und Leute kennenzulernen und den Charakter der Landschaft zu „erfahren", ist, sich auf der 285 km langen „Emslandroute" mit dem Fahrrad zu bewegen. Wenn ganz plötzlich Regenschauer übers Land

Das Jagdschloss Clemenswerth mit seinen acht regelmäßig verteilten Palais liegt in einer Parkanlage, die zum Spazierengehen einlädt.

ziehen, bieten unzählige kleine Holzhütten am Rand des Wanderweges Unterschlupf.
Vor rund 250 Jahren ließ Fürstbischof Clemens August bei Sögel ein Jagdschloss errichten. Der Festungsbaumeister J. C. Schlaun verteilte acht Palais für Gäste und Personal regelmäßig um das achteckige Zentralgebäude mit vier quadratischen Flügeln. Sandsteinreliefs verzieren die Ziegelmauern, die in einem warmen Rotton gehalten sind. Die gesamte Anlage ist von dichtem Laubwald umgeben. Ganz in der Nähe findet sich ein idyllisches, abgeschiedenes Kapuzinerkloster.
Am Zusammenfluss von Ems, Hase und Radde liegt Meppen. Sein prächtiges Rathaus mit Giebel im Renaissancestil wurde im 17. Jahrhundert umgebaut und erhielt zu jener Zeit sein heutiges Aussehen. Auffällig ist die orangefarbene Fassade der Meppener Gymnasialkirche. Heute treffen sich in Bad Bentheim Erholungsuchende und Kurgäste. Die Thermal- und Schwefelbäder sind weit über die Landesgrenzen hin bekannt. In früheren Zeiten lockte wohl eher die Silhouette der Burg Maler und Romantiker an. Tatsächlich ist die Festungsanlage von Bad Bentheim die mächtigste in Nordwestdeutschland. Sie geht auf eine alte Fluchtburg germanischer Stämme zurück.
1680 ließ der bischöfliche Rentmeister von Meppen die Burg Haren zu einem wundervollen Wasserschloss umbauen. Schloss Dankern besteht aus Vor- und Hauptburg sowie Wirtschaftsgebäuden. Immer wieder stehen bewundernd Besucher vor dem Portal aus Sandstein, das mit aufwendigen Steinmetzarbeiten verziert ist.
Heute beherbergt Schloss Dankern ein Ferienzentrum mit Ferienhäusern und bietet attraktive Sportmöglichkeiten.

Beim Schlendern in Meppens Fußgängerzone, steuert der Besucher direkt auf das schöne Rathaus zu.

1 Bauernhofcafé Ferienhof Meutstege

Mit ländlichem Charme und ganz in bäuerlicher Tradition präsentieren sich stolze Bauernhöfe im Emsland rund um die alte Schifferstadt Haren. Hier finden Ruhesuchende ein idyllisches Refugium. Radfahrer und Wanderer treffen auf ein hervorragend ausgebautes Strecken- und Wegenetz, das ihnen die ganze Schönheit der Region enthüllt.

Nur wenig von der Schifferstadt Haren entfernt liegt der Ferien- und Freizeithof Meutstege. Nicht nur urlaubsuchende Gäste finden hier eine ideale Unterkunft für Ferien auf dem Lande. Der Ferienhof bietet drei hübsche Ferienwohnungen, zwei komplett ausgestattete Ferienhäuser sowie Gästezimmer und ein Heuhotel.

Wenn man allerdings nur Zeit für einen kurzen Besuch hat, ist das Café auf dem Hof Meutstege ebenfalls ein sehr lohnenswertes Ziel. Im Bauernhofcafe kann man neben Torten und Waffelspezialitäten eine Vielzahl von Kaffee- und Teekreationen genießen. Für Gäste, die das Herzhaftere bevorzugen, gibt es leckere belegte Brote.

Adresse:
Hebel 28
49733 Haren/Ems
Tel.: 05932 69396
Fax: 05932 69300
E-Mail: info@meutstege.de
www.ferienhof-meutstege.de

Öffnungszeiten:
täglich 14.30 bis 19 Uhr
Gruppen u. Familienfeiern nach Absprache

Plätze:
65 Caféplätze
60 Außenplätze

Anfahrt:
Mit dem Auto
B 70 Richtung Haren bis Ampelkreuzung, links ab Richtung Wesuwe, 1. Straße rechts ab Richtung Lindloh, nach 3,5 km am Ziel.

Essen & Trinken:
selbst gebackener Kuchen, deftig belegte Brote, Mittag- und Abendessen nach Absprache, verschiedene Spargelgerichte im Mai und Juni, im Winter Grünkohlessen, Mittwoch ist Pfannkuchentag

Einkaufen:
Brot und Marmeladen, kleine Floristik und Geschenkkarten

Extras:
- Kutsch- und Planwagenfahrten nach Vereinbarung
- Stallbesichtigungen
- Streichelgehege
- Spielplatz
- großes Maislabyrinth
- Reitunterricht, Ausritte und Ponyreiten
- Lagerfeuer und Grillabende
- Fahrradverleih

Übernachtung:
Gästezimmer, Heuhotel, 3 Ferienwohnungen, 2 Ferienhäuser

Sehenswertes in der Umgebung:
- Wasserschloss Dankern
- Zoo Emmen
- Moormuseum Emmer Compascium
- Festung Bourtange
- Meersmühle
- Heimathaus Haren
- Schifffahrtsmuseum
- Dampferfahrt mit der „Amisia“ auf der Em

Für die kleinen Gäste ist bestens gesorgt.

An jedem Mittwoch wird zudem eine große Auswahl an Pfannkuchen angeboten. Wenn draußen die Sonne scheint und die Temperaturen steigen, gibt es im Garten eine große Terrasse mit lauschigen Plätzchen, auf der man es gut schon mal einen Nachmittag lang aushalten kann.

Wer sich jedoch sportlich betätigen möchte, kann auf Niedersachens erstem Bauerngolfplatz sein Können unter Beweis stellen. Bauerngolf heißt: mit Freunden, Verwandten und Kollegen in der freien Natur und über Weideland zu laufen und dabei viel Spaß für ca. 1,5 Stunden zu haben. Eine Platzreife ist nicht erforderlich. Jedermann kann es spielen, ungeachtet des Alters und des sportlichen Talents. Bauerngolf ist eine Spielart des regulären Golfspiels, wobei ein Bauerngolfplatz mit 10 Löchern bezwungen werden muss.

Wer noch mehr Aktivität sucht, kann ab Mitte Juli das Maislabyrinth des Hofs besuchen. Für die jungen Gäste stehen ein Riesentrampolin, eine Kettcarbahn, eine Spielscheune sowie ein großer Sandspielplatz bereit.

Das wunderschöne Fachwerkhaus liegt unter hohen alten Bäumen.

2 Bauernhofcafé In't Hüerhus

Die Sonne scheint über dem Bauernhofcafé. Unter schattigen Bäumen sitzen bereits Scharen von Gästen an den hübschen Gartentischen aus Holz und blauem Eisen. Die Tür zum Café steht weit offen und das freundliche Personal in adretter weißer Kleidung mit dunkelblauen Schürzen eilt geschäftig hin und her. Sie tragen dabei wahre Kunstwerke von Torten nach draußen, die die Augen der Gäste leuchten lassen. Dazu zieht der Duft von frischem Kaffee in unsere Nasen. Rund um das hübsche, herrlich restaurierte Fachwerkhaus liegen riesige Kürbisse, die den Eindruck von Überfluss und Ernte verstärken. Die weißen Fensterrahmen heben sich wohltuend vom dunklen Rot der Ziegel und des Daches ab, alle Fensterläden sind weit geöffnet, um das schöne Spätsommerlicht hereinzulassen. Viele Gäste schauen noch in den kleinen Hofladen und versorgen sich mit Kartoffeln, Honig oder Eiern von frei laufenden Hühnern. Sie können sicher sein, dass alle Produkte auf ihre Qualität hin besonders geprüft

Adresse:
Mehringen 19
48488 Emsbüren
Tel.: 05903 6560
Fax: 05903 6569
www.bauernhofcafe-emsbueren.de

Öffnungszeiten:
Di.–So. 14 bis 19 Uhr
u. nach Vereinbarung
So. ab 10 Uhr Frühstück
nach Vereinbarung
Mai–Okt. ab 11 Uhr
So. Frühstücksbüfett
(Anmeldung erforderlich)

Plätze:
70 Caféplätze
Gartenterrasse

Anfahrt:
Mit dem Auto
A 30 Abfahrt 6 (Salzbergen-Emsbüren) Richtung Emsbüren, nach 2 km dem Hinweisschild folgen.

Essen & Trinken:
hausgemachter Kuchen, selbst gebackenes Brot, deftige Brotplatten, Herzhaftes aus der Pfanne, rustikales Bauernfrühstück, plattdeutsche Speisekarte

sind und aus der Region stammen. Wir genießen ein herzhaftes, frugales Mahl, auch wenn wir den Blick kaum von den verlockenden Tortenspezialitäten lassen können, bevor wir uns in die Irre führen lassen. Unmittelbar neben dem Bauernhofcafé In't Hüerhus gibt es nämlich ein einzigartiges Erlebnis: Wenn der Mais gewachsen ist und seine Halme über die Köpfe der Menschen ragen, wird das Feld für Besucher freigegeben. Im Maisfeld betreten wir ein weitverzweigtes Labyrinth mit Sackgassen und kreisförmig angelegten Wegen, die die Orientierung erschweren und uns so manches Mal verwirren. Bisher sind wir am Ende allerdings doch immer wieder herausgekommen aus diesem Labyrinth im Maisfeld, aber jedes Jahr reizt uns dieses Erlebnis aufs Neue. Nach wahrhaft epischen Irrungen erreichen wir nach einer Stunde wieder das Café. Und diesmal gönnen wir uns zur Belohnung ein riesiges Stück Torte, das uns die Dame vom Café mit einem fröhlichen Lächeln serviert. Sie weiß mit Sicherheit jetzt schon, dass wir im nächsten Jahr wieder da sein werden.

Im Sommer gibt es kein größeres Vergnügen, als im Garten zu sitzen.

Heimatgeschichte

1974 begann der Wiederaufbau eines alten Bauernhauses auf dem sogenannten „Galgenberg“ am südlichen Ortsrand von Emsbüren. Dieser ungemütliche Name lässt bereits darauf schließen, dass es sich hier um eine ehemalige Hinrichtungsstätte handelt. Heute stehen hier sieben Fachwerkhäuser. Die Gebäude wurden originalgetreu aufgebaut und mit altem bäuerlichen Gerät eingerichtet. Sie spiegeln ein Stück der für diesen Landstrich typischen Heimatgeschichte wider. Das Haupthaus aus dem Jahr 1766 wurde 1834 um zwei Gefache erweitert. In diesem Gebäude ist die Wohnsituation der damaligen Landbevölkerung nachzuvollziehen.

Im Kernstück des Heimathofes kann man ein typisches emsländisches Bauernhaus finden. Am offenen Herdfeuer, das von einer Wand aus Delfter Kacheln abgeschirmt wurde, fand das Familienleben statt. Hinter dem Wohnbereich lagen die Schlafkammern. Die Strohmatratzen wurden einmal im Jahr mit frischem Stroh gefüllt. Die Trachten und goldbestickten Hauben der emsländischen Frauen wurden in der „Upkammer“ aufbewahrt. Im Wagenschuppen sind Acker- und Arbeitsgeräte zu bestaunen, während im Backhaus auch heute noch Brot gebacken wird. Besichtigungen und Führungen sind nach Anmeldung beim Heimatverein Kirchspiel Emsbüren möglich. Ebenfalls sehenswert sind die frühere Zehntscheune und das Backhaus im Ortsteil Elbergen.

Einkaufen:
Kartoffeln, Schinken, Mettwurst, Honig, Marmeladen, Gelees, Liköre, eingelegte Früchte, Eier von frei laufenden Hühnern, Geschenkartikel, Geschenkgutscheine und -körbe, Bücher

Extras:
- Spielplatz
- Swingolf

Sehenswertes in der Umgebung:
- Kartpark Emsbüren
- Freilichtmuseum
- Heimathof Emsbüren
- Burg Bentheim
- Enkings Mühle
- Wasserschloss Dankern mit Freizeitpark
- Naturlehrpfad
- historischer Pfarrgarten
- Kirche in Emsbüren

Adresse:
Am Esch 11
48465 Samern
Tel.: 05923 995799
Fax: 05923 9939240
E-Mail: info@arnolds-cafe.de
www.arnolds-cafe.de

Öffnungszeiten:
Mo.–Fr. ab 14 Uhr,
Sa. ab 11 Uhr,
So. u. Feiertage ab 9.30 Uhr
Nov.–Apr.
Mo. u. Di. geschlossen

Plätze:
150 Caféplätze
100 Außenplätze
25 Nichtraucherplätze
barrierefrei

Anfahrt:
Mit dem Auto
Von Süden: A 1 bis Münster Nord, B 54, Richtung Steinfurt, Abfahrt Wettringen, Rheine. In Wettringen Richtung Schüttorf. Vor dem Dorf Ohne rechts ab Richtung Neuenkirchen, Haddorf, nach 500 m links ab Richtung Schüttorf; nach 3 km liegt der Hof auf der rechten Seite.
Von Norden: A 1 bis Lotter Kreuz, A 30, Richtung Amsterdam, Abfahrt Schüttorf, Richtung Schüttorf; in Schüttorf Richtung Wettringen, in Ohne an der kleinen Kreuzung (an der die Hauptstraße nach Wettringen/Ohne rechts ab geht) geradeaus weiterfahren; nach 2 km liegt der Hof auf der linken Seite
Von Osten: A 30 bis Abfahrt Schüttorf; weiter wie oben beschrieben aus Richtung Norden

Mit der Bahn
Bahnhof Bentheim, weiter mit dem Taxi

3 Arnolds Bauernhof-Café

Als wir aus dem Auto steigen, erwartet uns Arnold Hartgering bereits. Bei einer Tasse frisch gebrühtem Kaffee lassen wir uns die hausgemachte Eierlikörtorte schmecken, während Herr Hartgering erzählt: „Das Café sollte ursprünglich mit den drei alten Räumen ‚Große Küche', ‚Beste Kammer' und ‚Upkammer' als kleines Café von den Landfrauen betrieben werden. Die Räume sind so erhalten geblieben, wie es früher üblich war. So findet sich in der ‚Großen Küche' noch die traditionelle Eckbank und die alte Kochmaschine. Die ‚Beste Kammer' zeigt alte Eichenmöbel um 1900, und die ‚Upkammer' ist ganz in Mahagoni eingerichtet, mit Möbeln aus der Zeit um 1870. Wir hatten aber nicht mit der Begeisterung unserer Gäste gerechnet, und so wurde das kleine Café schnell zu klein. Wir bauten dann die leer stehende Tenne des Niedersachsenhauses aus, haben aber den alten Sandsteinfußboden ebenso erhalten wie den Eichenfußboden in den ehemaligen Pferdeställen. Geheizt wird die Tenne mit einem Holzfällerofen, Marke ‚Bullerjan', der dem Raum eine wohlige Wärme schenkt. Die

Theke, die sich im ehemaligen Kälberstall befindet, ist aus massiven Eichenbohlen gebaut. Sämtliche Tische, auch die Stehtische, die jetzt bis zu 100 Personen Platz bieten, sind Antiquitäten. Überhaupt: Sämtliche Gebäude der Hofstelle stehen unter Denkmalschutz und spiegeln in ihrer Entstehung auch die Entwicklung der Landwirtschaft wider. Unsere Hofstelle geht in ihrer Geschichte bis auf ca. 1200 zurück." Während Herr Hartgering begeistert erzählt, spüren wir die Liebe und Verbundenheit, die er für Hof und Landschaft empfindet. Nach einer weiteren Tasse Kaffee – noch ein Stück Eierlikörtorte schaffen wir ohne Spaziergang zwischendurch beim besten Willen nicht – verlassen wir das Bauernhof-Café, nicht ohne das Versprechen, im Winter wieder vorbeizukommen.

Essen und Trinken:
Frühstück (jeden Sonntag Frühstücksbrunch) Mittagstisch, Kaffeetafel, Abendessen, hausgemachter Kuchen

Einkaufen:
in Anne's Hofladen (geöffnet wie Café): Eingemachtes, Obst und Gemüse, Souvenirs und Dekorationsartikel

Extras:
- Spielecke
- Spielplatz
- Kutschfahrten
- Stallbesichtigung
- Blumenfeld zum Selbstpflücken
- Bauerndiplom Erwerbsmöglichkeit
- hofeigener Wanderweg durch jahrhundertealten Wald, der unmittelbar am Café liegt
- Grillabende unter uralten Eichen
- Hofladen

Übernachtung:
Hotel Stähle,
Postweg 41,
48465 Suddendorf,
Tel.: 05923 9670,
Fax: 05923 5078

Sehenswertes in der Umgebung:
- Schüttdorf
- Bad Bentheim
- Burg
- Käserei Dernemann

Naturpark Teutoburger Wald und Dümmer

Region 7

Wer gern Fahrrad fährt, sollte den 99 km langen Radlerrundweg im Osnabrücker Land ausprobieren: Neben Historischem lässt sich hier wunderbar die schöne Natur genießen.

Im Gesmold gabelt sich die Hase: Ihr Hauptarm mündet bei Meppen in die Ems. Ihr Nebenarm, die Else, wendet sich nach Osten und erreicht die Werre, die schließlich bei Porta Westfalica in die Weser mündet. Die Hase und ihr gespaltener Lauf scheinen charakteristisch für das Osnabrücker Land. Letzteres ist flach, von Mooren und Geestflächen bestimmt und liegt zwischen der eher träge dahinfließenden Ems und der Weser, die auf ihrem Weg zur Nordsee immerhin noch den einen oder anderen Höhenzug zu durchschneiden hat. Man kann auch nicht leugnen, dass bereits hier der Einfluss der See und ihres Klimas spürbar wird. Über einen langen Zeitraum erhielt sich Osnabrück die politische Selbstständigkeit als Zentrum des Hochstifts Osnabrück, erst in der napoleonischen Zeit fiel es an das Königreich Hannover. „Hannöversch" wurden die Osnabrücker bis heute nicht, sie blieben Westfalen. Selbst der König in Hannover sprach von ihnen als von seinen „westfälischen Untertanen". Andererseits sind Osnabrücks Berührungspunkte mit den Sachsen nicht gerade unbedeutend. Unweit der Stadt soll der Sachse Widukind die entscheidende Schlacht gegen die Franken Karls des Großen verloren haben. Im Gebiet der Hase, am Kalkrieser Berg, lokalisieren heute viele Archäologen und Historiker den Ort der Varusschlacht, in der im Jahre 9 n. Chr. besagter römischer Feldherr drei Legionen in Auseinandersetzungen mit germanischen Stämmen verlor.

Im Mittelalter und der Frühen Neuzeit gründete sich Osnabrücks Reichtum auf die Textilproduktion. Osnabrücker Leinen wurde zu einem europaweit begehrten Luxusartikel. Im Jahr 1412 entsandte die Stadt einen Boten zum Hansetag, wenig später gehörte Osnabrück zur Hanse.

Nicht nur Osnabrück mit seiner sanierten Altstadt ist einen Abstecher wert, auch im idyllischen Bad Essen lohnt ein Zwischenstopp.

Im 19. und 20. Jahrhundert löste die Schwerindustrie diesen Produktionszweig in seiner Bedeutung ab. Nach den schweren Zerstörungen im Zweiten Weltkrieg glänzt Osnabrück heute mit einem aufs Sorgfältigste sanierten Stadtbild, das neben alten Bürgerhäusern, prachtvollen Kirchen und einer lebendigen Gastronomie auch Galerien und Künstlerwerkstätten prägen.

Nördlich von Osnabrück erstreckt sich das Bersenbrücker Land. Die Fürstenauer Berge und das Artland geben dieser Region ihren unverwechselbaren Charakter. Die fruchtbaren Böden des Artlandes ließen prachtvolle Höfe entstehen, deren Fachwerk vom Wohlstand seiner damaligen Bewohner zeugt. Traditionelle Bauerngärten werden von kunstvoll geschnittenen Taxushecken geziert. Es verwundert nicht, dass in einer solchen Umgebung auch die Küche eine besondere Bedeutung hat. Im Bersenbrücker Land wird gern herzhaft gegessen, mit Vorliebe Schweinernes. Wer fleißig bei der Arbeit ist, so heißt es, der darf das auch bei Tisch sein.

Das Giersfeld bei Bersenbrück birgt einen besonderen Schatz. Acht Großsteingräber, die nach Auffassung der mittelalterlichen Bevölkerung nur von Riesen errichtet worden sein konnten, legen aufs Eindrucksvollste Zeugnis ab von Jenseitsvorstellungen und Begräbnistraditionen der Jungsteinzeit. Frühere Theorien gingen auch von einer astrologisch beeinflussten Motivation der vermeintlichen Riesen aus. Fest steht jedenfalls, dass das Grab von Hekese genau auf den Sonnenuntergang des 21. Juni ausgerichtet war, den Tag der Sommersonnenwende.

Quakenbrück, das zum Schutz der nördlich von Osnabrück gelegenen Gebiete errichtet wurde, ist ebenfalls einen Besuch wert. Von der Stadtbefestigung ist allerdings nur noch ein spätgotisches Stadttor erhalten.

Auf Schloss Iburg erblickte im Jahr 1688 Sophie Charlotte von Hannover das Licht der Welt. Sie war die Tochter des Fürstbischofs Ernst August von Braunschweig-Lüneburg und heiratete später den Preußenkönig Friedrich I. Unter ihrem Einfluss kam Leibniz an den Berliner Hof, nach ihr ist das Schloss Charlottenburg benannt. Iburg liegt auf einem Bergkegel, der schon sehr früh besiedelt worden ist. Im 11. Jahrhundert erweiterte sich die Burg zur Residenz, gleichzeitig kam es zu einer Klostergründung. Im 1656 begonnenen Rittersaal ist die erste perspektivische Deckenmalerei Deutschlands erhalten.

1 Café im Speicher

Seit September 2001 betreibt die Familie Holtkamp in ihrem historischen mehrstöckigen Speicher aus dem Jahr 1726 ein gemütliches Landcafé. Schon von Weitem leuchten uns die Ziegel mit dem markanten Fachwerk entgegen: Man kann den Speicher einfach nicht übersehen. Wurden hier früher einmal Zigarren gedreht, so weht heute der frische und anregende Duft von Kuchen, Tee und Kaffee durch die Räume des Fachwerkgebäudes. Hausgemachte Torten und selbst gebackenes Brot mit deftigem Aufschnitt von gediegener Qualität haben den guten Ruf des Cafés in der Gegend als beliebtes Ausflugsziel gefestigt.
Die reizvolle Lage am Rande des Wiehengebirges (Ausläufer des Teutoburger Waldes), die Nähe der Ausgrabungsstätte „Varusschlacht“ (Kalkriese), das Tuchmachermuseum (Bramsche) sowie der Fernradweg Osnabrück–Bremen führen viele Besucher in das Café. Gäste, die einmal das Café besucht haben, sind von der angebotenen Qualität überzeugt und kehren immer wieder gern zurück, um sich verwöhnen zu lassen. Neben kulinarischen Köstlichkeiten wer-

Adresse:
Engter Bach 12
49565 Bramsche
Tel.: 05468 939777
E-Mail: wilyholtkamp@aol.com
www.cafe-im-speicher.de

Öffnungszeiten:
ganzjährig
Mi.–So. 14.30 bis 18.30 Uhr
jeden zweiten Sonntag im Monat großes Frühstücksbüfett nach Voranmeldung

Plätze:
46 Caféplätze
20 Außenplätze
barrierefrei

Anfahrt:
Mit dem Auto
A 1/E 22 Richtung Bremen/Hittfeld bis Anschlussstelle Bramsche (68), halb rechts abfahren von A 1/E 37, weiter auf U 60/U 62 Richtung Bramsche/Engter, links abbiegen auf B 218 (Bramscher Allee) Richtung Engter, in Engter halb rechts halten auf die Vördener Straße, links ab auf Engter Bach.

Essen & Trinken:
jeden 2. So. Frühstücksbüfett, Kaffeetafel, hausgemachte Torten u. Kuchen

Extras:
- Spielplatz
- private Feiern ab 10 Personen
- kleine Konzerte
- monatlich wechselnde Kunstausstellungen

den Kunsthandwerk sowie monatlich wechselnde Kunstausstellungen (Grafik, Malerei und Skulptur) unter dem Spitzdach präsentiert. Das Parkett glänzt im Licht der Dachfenster, als wir den Spitzboden erreichen. Wir hätten einen solch herrlichen Ausstellungsraum nicht erwartet. Mit viel Liebe fürs Detail und die Tradition des Hauses ist hier ein moderner Präsentationsraum für Kunst entstanden. Die leuchtenden Acrylfarben der großformatigen Bilder verwandeln den Spitzboden scheinbar in einen exotischen Garten. Als wir den Spitzboden wieder verlassen, nehmen wir uns fest vor, wiederzukommen, wenn hier oben, in diesem besonderen Licht, Skulpturen gezeigt werden, denn hieran hängt unser Kunstherz ganz besonders. Mehrere Male im Jahr finden kleinere Konzerte statt, die allein schon wegen der intimen Atmosphäre der Räume gut besucht sind, denn schließlich kann man von der ersten Etage (Galerie) das Geschehen im Erdgeschoss ausgezeichnet verfolgen. Im Winter sorgt das Holzfeuer im Kaminofen für einen zusätzlichen Wohlfühleffekt.

Übernachtung:
Gasthof Schlatsburg
Bramscher Allee 111
49565 Bramsche
Tel.: 05468 395

Hotel Idingshof
Bührener Esch 1
49565 Bramsche
Tel.: 05461 8890

Sehenswertes in der Umgebung:

- Tuchmachermuseum
- Tuchmanufaktur in Bramsche
- Ausgrabungen der Varusschlacht in Kalkriese
- Kloster Malgarten
- Dümmer, Alfsee
- Osnabrück mit historischer Altstadt

2 Imeldas Stubencafé

Adresse:
(Hofcafé Dammer Berge)
Dalinghausen 11
49401 Damme
Tel.: 05491 7810
Fax: 05491 8010

Öffnungszeiten:
Sa. u. So. ab 14.30 Uhr
sowie nach Voranmeldung

Plätze:
55 Caféplätze

Wer Aktivität und Entspannung gleichermaßen sucht, findet sie in Imeldas Stubencafé im Dammer Ortsteil Dalinghausen. Man braucht nur ein paar Gehminuten, um in der herrlichen Landschaft an den Ausläufern der Dammer Berge Ruhe und Entspannung zu finden. Ob man allein, zu zweit, als Familie, Klub oder Gruppe kommt: In Imeldas Stubencafé wird man bei einer guten Tasse Kaffee und hausgemachtem Kuchen verwöhnt. Die beeindruckende Puppensammlung bietet dem Gast viele Möglichkeiten, um in Gedanken noch einmal in die eigene Kindheit abzutauchen. Nach einer Pause rufen die Dammer Berge oder die Wellen des Dümmer. Die Dammer Berge sind für den nach Norden Reisenden Signal dafür, dass sich nun vor ihm die Norddeutsche Tiefebene erstreckt. In einer ausgesprochen vielfältigen Naturlandschaft wechseln sich hügelige Waldgebiete ab mit Wiesentälern, romantischen Gewässern sowie ausgedehnten Feldern und Weideflächen. Das Erholungsgebiet Dammer Berge ist Teil des über 400 km^2 großen Naturparks Dümmer, dessen Mittelpunkt Niedersach-

Im Sommer gibt es auch draußen schöne Plätze.

sens zweitgrößter Binnensee, der Dümmer, bildet. Mit seiner rund 16 km² großen Wasserfläche und einer maximalen Wassertiefe von 1,50 m bietet der Dümmer optimale Bade- und Wassersportmöglichkeiten. Ein vorbildliches Netz von Radwander- und Wanderwegen erschließt die Dammer Berge. Sehr häufig führen die Routen vorbei an idyllischen Koppeln, auf denen prächtige Pferde aus Oldenburger Zucht friedlich grasen. Die saftigen Weiden und die Naturverbundenheit der Menschen im Oldenburger Münsterland sind seit Generationen beste Voraussetzungen für eine erfolgreiche Aufzucht der Pferde mit einem gekrönten „O" als Brandzeichen. Überall, wo man Rast macht, findet man eine gute Küche und eine gepflegte Gastronomie mit regionalen Spezialitäten.

Anfahrt:
Mit dem Auto
A 1 Ausfahrt Neuenkirchen-Vörden Richtung Damme. In Damme Kreisverkehr rechts, nächste Ampel links, 2. Kreuzung Richtung Dümmer See–Lehmbruch, nach 500 m rechts Richtung Osterfeine, nach 1 km links in Dalinghausen.

Essen & Trinken:
selbst gebackenes Brot und hausgemachter Kuchen, Mittag- und Abendessen nur auf Bestellung

Übernachtung:
Lindenhof-Hotel
Tel.: 05491 97170

Waldhotel
Tel.: 05491 9566-0

Sehenswertes in der Umgebung:
- Dümmer
- Bergsee
- Dammer Berge
- Stadtmuseum Damme (Dauerausstellungen: Vorgeschichte, Der Streit um Damme zwischen Münster und Osnabrück, Karneval in Damme, Erzbergbau)
- Mühle Höltermann

Die selbst hergestellten Puppen prägen das Innere des Cafés.

Aus der Luft enthüllt sich die ganze Schönheit auf einen Blick.

3 Panorama-Café Hof Uffenbeck

Adresse:
Borgholzhausener Straße 170
49326 Melle-Küingdorf
Tel.: 05428 1247
Fax: 05428 2977
www.hof-uffenbeck.de

Öffnungszeiten:
Mrz.–Okt.
So. u. Feiertage ab 10 Uhr
sowie nach Voranmeldung

Plätze:
64 Caféplätze
50 Außenplätze

Hügelige Landschaften mit Wäldern, Wiesen und Weiden – von Zeit zu Zeit ergänzt um einen kleinen Teich – sind typisch für die Umgebung des Panorama-Cafés Hof Uffenbeck.

„Wer sich den Sinn für eine unverfälschte Natur bewahrt hat, für Wiesen, tiefe Laub- und Nadelwälder – weitab vom Massentourismus –, der wird sich in unserem Tal zwischen Wiehengebirge und Teutoburger Wald mit Sicherheit wohlfühlen“, meint Frau Muchow, die das Panorama-Café seit 1996 erfolgreich betreibt. Sie legt großen Wert auf die Qualität ihrer Produkte. Was liegt daher näher, als Brot, Kuchen und Torten selbst herzustellen? Mittlerweile sind Frau Muchows Torten so beliebt, dass sie auch außer Haus verkauft werden.

Unter „Norddeutschlands größtem Sonnenschirm“ finden im Sommer im Panoramapavillon bis zu 80 Personen einen gemütlichen Sitzplatz. An den Wochenenden gibt es ab 18 Uhr auch warme Speisen oder nach Voranmeldung die Möglichkeit zu grillen.

Eine besondere Rolle spielen Kinder auf Hof Uffenbeck. Für sie gibt es eine Fülle von

Unter Norddeutschlands größtem Sonnenschirm können Sie auch im Hochsommer ein Schattenplätzchen finden.

Aktivitäten. Vom Ponyreiten auf „Shettys, Dülmenern und Haffies“ über das Freigehege mit Tieren zum Anfassen und Streicheln sowie Kutschfahrten mit dem Ponyexpress reicht das Angebot bis hin zu jahreszeitlichem Basteln mit und für Kinder.

Und bei strahlendem Sonnenschein kann ein kühles und erfrischendes Eis durchaus für strahlende Laune sorgen.

Familie Muchow hat auf dem Hof Uffenbeck drei Ferienappartements mit einem, zwei und drei Räumen eingerichtet (für zwei bis fünf Personen). Für eine Ferienwoche gibt es unterschiedliche Komplettangebote, z. B. „Familien – raus aufs Land!“ oder „Senioren – raus aufs Land!“ An- und Abreisetag ist jeweils der Samstag.

Das Programm für Familien startet mit einem leckeren Waffelessen am Samstag. Am Montag und am Donnerstag steht Ponyreiten für die Kinder auf dem Programm. Am Dienstag gibt es ein Lagerfeuer und eine spannende Nachtwanderung. Am Mittwoch basteln nachmittags die Kinder, und die Eltern haben Pause. Der Freitag bleibt zur freien Verfügung.

Anfahrt:
Mit dem Auto
A 30 Ausfahrt Melle-Ost (Riemsloher Straße), links in Am Friedhof, links in die Neuenkirchener Straße, Borgholzhausener Straße.

Essen & Trinken:
hausgemachte Kuchen und Torten, warme Küche ab 18 Uhr

Einkaufen:
Tortenservice, selbst gebackenes Brot, Eingemachtes, Souvenirs, Säfte, Weihnachtsbäume, Rosenprodukte

Extras:
- Grillabende für größere Gruppen nach Voranmeldung
- Kindergeburtstage
- Spielplatz und Streichelzoo
- Wochenend- und Kurzurlaub
- Ponyreiten
- Handarbeitsbasar
- Fischteich
- kreative Freizeitgestaltung
- Rosengarten
- Weihnachtsbäume

Übernachtung:
Ferienwohnungen

Sehenswertes in der Umgebung:
- Teutoburger Wald
- Hermannsdenkmal
- Automuseum Melle
- Freilichtbühne
- Dietrichsburg-Wildpark
- Zoo Osnabrück
- Wiehengebirge
- Bad Rothenfelde mit Solebad

4 Darpvenner Diele

Adresse:
Knostweg 4
49179 Ostercappeln-Venne
Tel.: 05476 911473
Fax: 05476 911474
E-Mail:
info@darpvenner-diele.de
www.darpvenner-diele.de

Öffnungszeiten:
Di.–Do. 14 bis 18 Uhr,
Fr. 14 bis 22 Uhr,
Sa. u. So. 9.30 bis 22 Uhr

Plätze:
60 Caféplätze
30 Außenplätze

Die Luft ist klar, und jedes Mal, wenn der Weg uns über Lichtungen führt oder vorbei an Abhängen, dann können wir weit in das Osnabrücker Land sehen. Das Laub der Bäume hat sich in den letzten Tagen rasch verfärbt: Ein dunkles Gelb, helle Brauntöne und dazwischen die roten Tupfer der Ahornbäume lassen die Hänge des Wiehengebirges wie die Farbpalette eines Malers erscheinen. Unter unseren Füßen raschelt das Laub des letzten Jahres. Es ist bereits gemischt mit den frisch herabgefallenen Blättern, obwohl die Sonne sich alle Mühe gibt, den Sommer noch ein wenig zu halten. Wir folgen den abfallenden Hängen und erreichen die Ortschaft Venne. Sie liegt zwischen Wiehengebirge und Venner Moor. Venne kann auf eine lange Geschichte zurückblicken. Bereits 1074 wird die Venner Mühle erstmals urkundlich erwähnt. Auf der Mühleninsel steht ein Backhaus aus dem Jahr 1694. Nach unserer Wanderung freuen wir uns auf die Darpvenner Diele. Seit 1997 betreibt die Familie Dahl auf der umgebauten Diele ihres Bauernhauses in Darpvenne ein Hofcafé. Wo heute Gäste das

Das Ehepaar Dahl betreut Sie gern in der Darpvenner Diele.

Hier gibt es für jeden ein eigenes Haus.

selbst gebackene Brot und den hausgemachten Kuchen genießen, standen früher Kühe und Pferde. Die Dahls haben sich bemüht, den bäuerlichen Charakter ihres Hofes zu erhalten, auch wenn der landwirtschaftliche Betrieb bereits 1980 eingestellt wurde. Für hungrige Wanderer bietet das Café kleine herzhafte Speisen. Es fällt auf, dass auch sehr junge Gäste hier willkommen sind. Tiere zum Anfassen und genügend Platz zum Toben und Spielen machen auch den Nachwuchs schnell zu Stammgästen.

Überhaupt hat es sich in Windeseile herumgesprochen, dass ein Besuch auf der Darpvenner Diele auf jeden Fall lohnt. Dafür sorgen auch die von Landfrauen hergestellten Spezialitäten und ihre Freizeit- und Hobbyarbeiten, die im Café verkauft werden. Auch für einen längeren Urlaub hat die Familie Dahl ein attraktives Angebot: Drei großzügig und modern ausgestattete Ferienwohnungen mit 4 und 5 Betten stehen für Gäste bereit, die Urlaub auf dem Land zu schätzen wissen. In direkter Nähe zum Ferienhof liegt der Pferdezucht- und Ausbildungsstall der Familie Mohr. Hier erhalten Feriengäste Reitunterricht oder können Ponyausritte und eine Planwagenfahrt mit dem Eselexpress unternehmen. Für uns bietet das Hofcafé Darpvenner Diele den krönenden Abschluss eines wundervollen Herbsttages.

Ein Mitbringsel für die Daheimgebliebenen gefällig?

Anfahrt:
Mit dem Auto
Ab Osnabrück-Süd (A 30; A 33) auf A 33 bis Abfahrt Osnabrück-Schinkel, auf die B 51 Richtung OS-Schinkel, rechts in die Bremer Str., links in die Weberstraße, links in die Haster Straße, rechts in den Power Weg, Borgwedder Straße, rechts ab in den Knostweg.

Essen & Trinken:
selbst gebackenes Brot, hausgemachter Kuchen, festliche Menüs nach Absprache, Spanferkel- und Gänseessen nach Jahreszeit und Absprache

Einkaufen:
Wurst und Fleischwaren, Eingemachtes, Säfte, Aufgesetzter, Souvenirs, Bastelarbeiten, Handarbeiten, Floristik

Extras:
- Streichelgehege mit Meerschweinchen und Kaninchen
- Freigehege mit Hängebauchschweinen, Ziegen, Gänsen und Hühnern, Ponyreiten
- Spielplatz
- Kutschfahrten
- Stallbesichtigung
- Kindergeburtstagsfeiern

Übernachtung:
Ferienwohnungen

Sehenswertes in der Umgebung:
- Venner Mühleninsel,
- Freilichtmuseum Kalkriese (Varusschlacht)
- Dümmer und Alfsee
- Freilichtmuseum Bramsche
- Wiehengebirge
- Venner Moor

Rund ums Steinhuder Meer

Region 8

Das Steinhuder Meer ist Niedersachsens größter Binnensee.

Durch die letzten Höhenzüge des Weserberglandes bahnt sich die Weser ihren Weg auf die Westfälische Pforte zu. Entlang ihrer Ufer findet man schmucke Städtchen mit sehenswerten Bauwerken, vornehmlich aus der Zeit der Weserrenaissance. In der Rattenfängerstadt Hameln trifft der Besucher gleich auf ein fast geschlossenes Ensemble dieser steinernen Zeugen von Wohlstand und Kultur, wenn er Oster- und Bäckerstraße folgt. Weiter Weser abwärts liegt Rinteln. Die ehemalige Universitätsstadt zieht sich an einem der unzähligen Weserbögen entlang. In ihrem Zentrum liegen das Rathaus mit dem vorgelagerten Marktplatz und die Nikolaikirche, die im 18. Jahrhundert ihren barocken Aufsatz erhielt. Sie erinnert an den heiligen Nikolaus, den Schutzpatron der Kaufleute und Schiffer. Ganz in der Nähe, im idyllischen Möllenbeck, steht eine nahezu vollständig erhaltene Klosteranlage aus dem 9. Jahrhundert. Wer sich für Architektur interessiert, kann an dieser wahren Kostbarkeit nicht vorbeigehen.

Etwas abseits vom Lauf der Weser liegt die Residenzstadt Bückeburg. Bis 1918 war sie Hauptstadt eines eigenen Reichslandes. Im 16. Jahrhundert bereits wurde das Schloss zu einer der frühesten Barockanlagen Deutschlands umgebaut.

Die Stadtkirche, in der Johann Gottfried Herder gepredigt hat, dominiert als zweite Sehenswürdigkeit das Stadtbild, das Wohlstand und Gediegenheit ausstrahlt. Quell des Reichtums

Der Rattenfänger von einst ist heute zur Touristenattraktion geworden.

waren die Kalksandsteine, die für die Bauten der Weserrenaissance weit über die Region hinaus gehandelt wurden. Im Schlosspark zu Bückeburg kann der Besucher einen Blick in das gigantische Mausoleum werfen, das die Verstorbenen des Fürstenhauses Schaumburg-Lippe aufnimmt.

Die Festung Wilhelmstein im Steinhuder Meer, dem Segelrevier vor den Toren Hannovers, ließ Graf Wilhelm I. von Schaumburg-Lippe in der Zeit von 1761 bis 1767 auf einer künstlich aufgeschütteten Insel errichten. Sie hat vier Bastionen und eine Zitadelle, die eine Militärschule beherbergte. Ein gräfliches Unterseeboot mit dem bezeichnenden Namen „Steinhuder Hecht" soll im flachen Wasser des Steinhuder Meeres erfolgreich operiert haben.

Es ist nicht sicher, ob Ludwig der Fromme das Stift St. Maria in Obernkirchen wirklich gegründet hat. Heute kann man in dieser Kleinstadt im Schaumburger Kreis vor allem die Bausubstanz des 16., 17. und 18. Jahrhunderts bewundern. Die Mühle und die Zehntscheune des Klosters sind noch erhalten.

Zu erwähnen ist noch der am Rande dieser Region gelegene Mittellandkanal, auf dem 1916 erstmals Schiffe zwischen Hannover und Minden verkehren konnten. Der Kanal veränderte das Leben in der landwirtschaftlich geprägten Region drastisch.

Vor allen Dingen zu Beginn dieser Entwicklung war es ein ernstes Problem, dass viele Männer sich von der wenig gewinnbringenden Landwirtschaft abwandten und auf Schleppern oder Binnenschiffen anheuerten. Ein eindrucksvolles Bauwerk ist die bereits im Westfälischen liegende Schachtschleuse in Minden, eine Art Wasserstraßenkreuz mit Hebewerk.

1 Bickbeernhof-Café

Wir sitzen unter großen Sonnenschirmen, die uns vor den nachmittäglichen Sonnenstrahlen schützen, und werden umweht vom Duft von Kaffee und frisch gebackenen Waffeln. Das Café ist gut besucht an diesem Nachmittag, und dennoch wird uns schnell klar, dass der einzelne Gast hier immer im Mittelpunkt steht. Herr Herse, seine Tochter und sein Schwiegersohn machen uns schnell deutlich, dass es auf ihrer Plantage genau um zwei Dinge geht: Um die Bickbeern und die Gäste! Wo aber liegt der Unterschied zwischen Blaubeere, Heidelbeere und Bickbeere? „Heidelbeere" und „Blaubeere" bezeichnen einen nord- bzw. mitteleuropäischen, mittelhohen Strauch aus der Familie der Heidekrautgewächse mit blauen oder schwarzen, essbaren, sehr aromatischen Früchten. Bei den gewerblich angebauten und im Handel vertriebenen Heidelbeeren handelt es sich überwiegend um die Amerikanische Heidelbeere. Je nach Zuchtform werden diese Sträucher etwa 1 bis 3 m hoch und tragen deutlich größere, etwas weniger aromatische Früchte. Im Plattdeutschen haben die Blaubeeren die Be-

Adresse:
Brokeloher Hauptstr. 37
31628 Landesbergen
OT Brokeloh
Tel.: 05027 1786
Fax: 05027 8105
E-Mail:
bickbeernhof@t-online.de
www.bickbeernhof.de

Öffnungszeiten
1. Jul.–19. Sep. 9 bis 18 Uhr

Plätze
200 Caféplätze

Anfahrt
Mit dem Auto
Von Hannover über B 6 Richtung Neustadt, über Husum nach Brokeloh.
Von Minden über Leese, Landesbergen nach Brokeloh.

Essen und Trinken:
Mittagessen, Bickbeernwaffeln, Kartoffelpuffer, Hefeklöße, Eisbecher, hausgemachter Kuchen

Einkaufen:
im Hofladen: heimische und internationale Produkte und Spezialitäten aus ökologischem Anbau, Heidel- und Himbeeren, Kartoffeln, Honig, Marmelade, Eier, Souvenirs

Extras:
- Hoffeste
- Dreiräder und Roller für Kinder
- Urmoorführung
- Spaziergänge durch das Moor und die Plantagen
- renaturierte Moorflächen, abwechslungsreiche Flora
- Hofladen

Übernachtung:
Dreschhof Fam. Meinzen
31628 Landesbergen/Brokeloh
Tel.: 05027 98080,
www.dreschhof.de

Sehenswertes in der Umgebung:
- Kloster Loccum
- Handarbeitsausstellung Gosewehr
- Stadtführung Nienburg/Weser
- Dinosaurierpark
- Münchehagen
- Steinhuder Meer
- Neustadt
- Wilhelm-Busch-Haus

zeichnung „Bickbeern" erhalten. Natürlich können die Gäste ihre Bickbeern auch selbst pflücken. Im Zusammenspiel mit frischer Sahne und den herrlichen Waffeln, die es hier im Bickbeernhof-Café als besondere Spezialität zu kosten gibt, entwickeln die blauen Früchte jedenfalls ein ganz wunderbares Aroma. Dabei sind die Beeren auch noch gesund: Blaubeeren, so hat das Forschungszentrum für Ernährung gegen das menschliche Altern in Boston herausgefunden, sind mit ihrem hohen Gehalt an Farbstoffen Spitzenreiter beim Radikalenfang. 100 gr der kleinen Waldfrüchte bekämpfen die Zellbruchstücke doppelt so effektiv wie Erdbeeren und dreimal so gut wie Pflaumen. Längst hat sich auf dem Bickbeernhof der Bio-Anbau durchgesetzt. Es liegt ja auch nahe, dass Gesundes unter natürlichen Bedingungen noch gesünder sein kann. Wer übrigens die Plantage oder die nähere Umgebung erkunden will, der kann sich am Hofladen ein Fahrrad mieten.

So viel haben wir auf jeden Fall verstanden: Die Blaubeeren sind ganz besondere Früchte. Auf dem Weg zum neuen Hofladen, in dem noch weitere landwirtschaftliche Produkte, aber auch Souvenirs und Kunstgewerbe verkauft werden, zeigen uns die Herses voller Stolz den selbst angelegten Spielplatz, den nicht nur die eigenen Kinder mit Begeisterung nutzen. Im Laden erstehen wir ein Körbchen Bickbeern, um uns zu Hause selbst von der Heilwirkung der kleinen blauen Früchte zu überzeugen. Glücklich und zufrieden machen wir uns auf den Rückweg.

Bickbeernhof-Cafè

Ein Blick in den Innenraum des Cafés.

2 Café Luise

Wer die wunderschöne Umgebung des Café Luise kennenlernen will, der sollte sich unbedingt Zeit nehmen und mit der Kutsche über Land fahren. Rund um Neustadt a. Rbge. locken kleine Wäldchen, eine intakte Moorlandschaft am Ostende des Steinhuder Meeres und der Lauf der Leine, die sich hier durch Wiesen mit Schwarzbunten mäandrierend ihren Weg bahnt. Inmitten dieser landwirtschaftlich geprägten Region liegen schmucke Dörfer, die sich um spitze Kirchtürme drängen, oder stattliche Einzelhöfe. Biermanns Hof an der Eilveser Hauptstraße ist die Reise aber auch für sich schon wert!
Im „Café Luise“ werden in gemütlicher Stimmung und unter alten Dielenbalken frische Torten serviert. Ob nun Schneewittchen-, Schloss- oder Wolkentorte: Entgehen lassen dürfen Sie sich keine dieser Köstlichkeiten. Dabei können Sie in behaglichen Sofas in aller Ruhe eine Tasse Kaffee oder ein Kännchen kräftigen Tee genießen.

Adresse:
Eilveser Hauptstr. 45
31535 Neustadt
Tel.: 05034 8206
Fax: 05034 92021
E-Mail: Cafe-Luise@t-online.de
www.biermanns-hof.de

Öffnungszeiten:
Mi.–So. 14 bis 19 Uhr
So. Frühstücksbüfett
ab 9.30 Uhr

Plätze:
80 Caféplätze, 45 Außenplätze

Anfahrt:
Mit dem Auto
A 2 Ausfahrt Hannover-Herrenhausen links in Bremer Straße (B 6) Richtung Neustadt am Rübenberge, Richtung Eilvese, links ab Eilveser Hauptstraße.

Essen & Trinken:
hausgemachte Torten, Mittag- und Abendessen nach Absprache

Einkaufen:
selbst gebackenes Brot, Wurst- und Fleischwaren, Eingemachtes, Spargel

Extras:
- Streichelgehege
- Spielplatz
- Kutschfahrten
- Weihnachtsmarkt am 3. Advent

Übernachtung:
Gästezimmer, Ferienwohnung

Sehenswertes in der Umgebung:
- Steinhuder Meer
- Schloss Landestrost in Neustadt a. Rbge.
- Kloster Mariensee (nach Voranmeldung)
- Naherholungsgebiet „Grinder Wald“

Adresse:
Hauptstraße 25
31559 Hohnhorst
Tel.: 05723 8530
Fax: 05723 986640
E-Mail:
hofcafe-bruns-nr2@t-online.de
www.hofcafe-bruns.de

Öffnungszeiten:
Mai–Sep. 11 bis 19 Uhr
Okt.–Apr.
Mi.–So. 14 bis 19 Uhr
sowie nach Vereinbarung
Frühstücksbüfett ab 9 Uhr,
jeden ersten So. im Monat
(bitte anmelden)

Plätze:
80 Caféplätze
20 Plätze im Backhaus
50 Plätze im Garten
barrierefrei

3 Hofcafé Bruns Nr. 2

Die Idee für das Hofcafé entstand, als man in der Familie über eine neue Nutzung der traditionsreichen Scheune auf der Hofanlage nachdachte. Das Gebäude wurde sorgfältig restauriert, und im Dezember 2003 war es dann endlich so weit. Seither hat sich das Café zu einem wahrhaften Magneten entwickelt. Das Fachwerkhaus liegt im Grünen, unter alten Bäumen. In den Sommermonaten ist der Kräutergarten erfüllt von emsigem Summen. Besucher werden aber ebenso angelockt vom kräftigen Duft der Gartenkräuter. Wer will, kann hier auch eine Menge erfahren über den Anbau und die Verwendung typisch norddeutscher Kräuter. Frau Bruns, die das Café leitet, bietet regelmäßig Kräuterseminare an.

Auf geschmackvollen und bequemen Gartenmöbeln im Schutz von Sonnenschirmen finden wir bereits eine ganze Reihe von Gästen vor, die ebenfalls den Weg nach Hohnhorst gefunden haben. Alle Kuchen und Torten, die Familie Bruns anbietet, sind selbst gebacken und – je nach Jahreszeit – mit Obst aus dem eigenen Obstgarten belegt. Im Hofladen kann

man in aller Ruhe Produkte der Region erstehen.
In dem von der Familie Bruns selbst wiederaufgebauten, 240 Jahre alten Backhaus finden wöchentlich Backtage statt. Dort werden nach traditionellem Rezept Steinofenbrot und Schaumburger Plattenkuchen abgebacken, die zum Verzehr im Café und zum Mitnehmen im Hofladen angeboten werden. Ein besonderes Erlebnis erwartet uns im Obergeschoss der ehemaligen Durchfahrtsscheune: Hier ist eine moderne Galerie entstanden, in der regelmäßig Skulpturen und Gemälde unterschiedlicher Künstler gezeigt werden. Wieder zurück im Café bewundern wir die freigelegten starken Balken, die die Decke tragen. Wir können uns gut vorstellen, hier an einem der Kaffeeseminare von Frau Bruns teilzunehmen, eine gute Tasse Kaffee mit einem Stück des exzellenten Kuchens zu genießen oder einfach nur die Seele baumeln zu lassen. Aber bei herrlichem Sonnenschein ziehen wir natürlich den Aufenthalt im Garten vor. Wir wünschen Ihnen viel Vergnügen, wenn Sie es uns demnächst gleichtun, im Hofcafé Bruns in Hohnhorst!

Anfahrt
Mit dem Auto
A 2, Abfahrt Bad Nenndorf, 400 m auf B 65, rechts ab auf B 442 Richtung Wunstorf, nach 4,5 km links nach Hohnhorst

Mit der Bahn
Bis S-Bahnhof Haste, ca. 1,5 km bis zum Café

Essen & Trinken:
Flammkuchen aus dem Ofen, Torten und Kuchen nach Jahres- und Erntezeit, selbst gebackenes Brot, Frühstück nach Vereinbarung, Sa. Brot- u. Zuckerkuchen-Backtag, jeden 4. So. Frühstücksgenießerbüfett

Einkaufen:
Souvenirs, Bücher, Obst und Gemüse, Backwaren, weitere Agrarprodukte im Hofladen

Extras:
- Flammkuchen aus dem Steinbackofen, Biohofladen, Bilder und Objekte in der Galerie im Obergeschoss, Spiel- und Bastelecke, Kletterbaum, Schafe, Hoffeste, Trachtenmodenschau, Hof-, Garten- und Dorfführungen, Sa. Backtag im alten Backhaus

Übernachtung:
2 Ferienwohnungen (für 4 und 4-6 Personen)
1 Einzimmerappartement mit 2 Betten

Sehenswertes in der Umgebung:
- Steinhuder Meer, Bückeburg, Rinteln, Bad Nenndorf, Steinzeichen Steinbergen, Wandern im Deister, sehr gut ausgebautes Radwegenetz

Adresse:
Höfen 13, 31600 Uchte
Tel.: 05763 1590
Fax: 05763 93172
E-Mail: info@hoffrien.de
www.hoffrien.de

Öffnungszeiten:
Do.–So. 14 bis 18 Uhr
u. nach Vereinbarung

Plätze:
90 Caféplätze

Anfahrt:
Mit dem Auto
A 2 Ausfahrt Wunstorf-Luthe auf B 441 Richtung Wunstorf, B 441 weiter (bei Leese links ab weiter B 441) Richtung Uchte.

Essen & Trinken:
hausgebackene Kuchen und Torten, Mittag- und Abendessen nach Absprache

Einkaufen:
selbst gebackenes Brot, Wurst- und Fleischwaren, Käse, Eingemachtes, frische Nudeln, Obst und Gemüse der Saison, Geschenkartikel

Extras:
- Spielplatz, Streichelgehege
- Ponyreiten
- Treckerfahren
- Kutschfahrten
- Stallbesichtigung

Übernachtung:
Ferienwohnungen

Sehenswertes in der Umgebung:
- Tierpark Ströhen
- Porta Westfalica
- Schifffahrten auf Mittellandkanal und Weser
- Moorgebiet
- Schloss Bückeburg
- Dinosaurierpark Münchehagen
- Westfälisches Industriemuseum
- Glashütte Gernheim

4 Hof Frien

Am Ortsausgang von Uchte liegt der wunderschöne Hof Frien zwischen alten Eichenbeständen. Das Hofcafé ist in der ehemaligen Diele untergebracht. Tische und Stühle passen zu den rustikalen Deckenbalken, die überall sichtbar geblieben sind. Auf einem kleinen Rundgang sehen wir uns auch die anderen Räume an: Im Kaminzimmer erwartet uns ein herrlicher gemauerter Kamin. Hier möchten wir sitzen, wenn es draußen kalt und ungemütlich ist, unseren Tee oder heißen Kaffee trinken und uns von Torten und Kuchen nach Familienrezepten verwöhnen lassen. Wir vergessen alle Hektik und den Stress der Stadt und lassen uns ein auf die Ruhe und Gelassenheit, die das alte Haus ausströmt. Als wir aus unseren Träumen erwachen, ist es bereits Abend. Wir müssen zurück in die Wirklichkeit, aber wir sind uns sicher, dass wir den Hof Frien und seine gastfreundlichen Besitzer nicht zum letzten Mal besucht haben.

5 Kaffeestube Idensen

„Begonnen hat alles im April 1984 auf der Diele mit 35 Plätzchen", erinnert sich Catrin Hattendorf gern an die Anfänge ihrer Kaffeestube Idensen. Im gleichen Jahr kam dann die „Gute Stube" dazu und seit 1995 finden bis zu 100 Personen in einem wunderschönen, luftigen Wintergarten Platz. Wenn die Sonne scheint, hält es die vielen Gäste allerdings nicht lange in den vier Wänden. Auf der idyllischen Terrasse hinter dem Hof oder an einem rustikalen Tisch mitten auf der Wiese lassen sie sich von Catrin Hattendorfs Wüsten-Torte verwöhnen, deren Rezept sie nicht einmal im äußersten Notfall verraten würde. Eine Tasse frisch gebrühter Kaffee oder ein eiskaltes Getränk machen den Genuss perfekt. Für alle, die Deftiges bevorzugen, gibt es lecker belegte Brote. Kinder mit Hunger nach Bewegung können auf dem Spielplatz des Cafés nach Herzenslust rutschen, schaukeln oder klettern. Da es fast immer Spielgefährten gibt, wird es nie langweilig.

Vor oder nach dem Kaffeetrinken lädt die schöne Landschaft zu einem ausgiebigen Spaziergang ein. Die Sigwardskirche in

Adresse:
Niengraben 2
31515 Wunstorf OT Idensen
Tel.: 05723 981329
Fax: 05723 981322
E-Mail:kaffeestube@t-online.de
www.kaffeestube-idensen.de

Öffnungszeiten:
Di.–Sa. 14 bis 19 Uhr
So. 13 bis 19 Uhr

Plätze:
150 Caféplätze
100 Außenplätze

Anfahrt:
Mit dem Auto
A 2 Ausfahrt Wunstorf-Kolenfeld Richtung Haste, in Haste rechts Richtung Idensenmoor

Vom Wintergarten aus blickt man direkt auf weite Wiesenflächen.

Essen & Trinken:
hausgebackene Kuchen und Torten

Einkaufen:
Blumengestecke

Extras:
- Spielecke
- Spielplatz

Sehenswertes in der Umgebung:
- Sigwardskirche Idensen
- Steinhuder Meer
- Aalräucherei
- Leinenweberei
- Scheunenviertel in Steinhude
- Schloss Hagenburg

Idensen ist eine romanische Grabkirche mit wunderschönen Fresken. Sie gilt als eines der bedeutendsten Kunstdenkmäler Niedersachsens. Kunstliebhaber kommen in Idensen voll auf ihre Kosten. Der ganze Ort atmet eine angenehme Ruhe und Beschaulichkeit, die allen Stress sofort vergessen lässt. Zurück im Café genießen wir den Blick in die offene Landschaft. Wir beneiden Frau Hattendorf darum, dass sie diesen Blick genießen kann, wann immer sie will. „Manchmal“, verrät sie uns, „wenn es geschneit hat, kommen Gäste hierher und bleiben einfach ruhig sitzen, trinken Tee oder Kaffee, drehen die Stühle ein wenig und schauen einfach nur nach draußen. Sie genießen die Weite und die Harmonie der Landschaft.“ Diesen Worten können wir nur beipflichten. Also, Erholung und Entspannung suchen in der Kaffeestube Idensen!

Nördlich von Braunschweig

Region 9

Das Celler Welfenschloss inklusive des zauberhaften Celler Schlosstheaters – älteste Bühne Deutschlands – liegt sanft eingebettet in einer Parkanlage am Rande der Altstadt.

Am Rande der Heide liegt eine der schönsten Städte Niedersachsens, Celle. Die Residenzstadt der Braunschweig-Lüneburgischen Herzöge hat sich heute zum modernen Wirtschafts- und Verwaltungszentrum der Südheide entwickelt. Celles Stadtbild erlaubt allerdings einen ungestörten Blick auf die wechselvolle Geschichte einiger Jahrhunderte. 990 erstmals urkundlich erwähnt und als klar gegliedertes Viereck mit rechtwinklig kreuzenden Straßen auf einer Sandinsel in der Aller angelegt, erhielt die Stadt erst zwischen dem 15. und 18. Jahrhundert ihr heutiges Aussehen. Prächtige Fachwerkhäuser prägen noch heute das Bild der Celler Innenstadt. Zwischen 1533 und 1580 holte Herzog Georg Wilhelm Künstler aus Italien und Frankreich an seinen Hof, die seinem mittelalterlichen Schloss eine völlig neue Fassade schenkten. Schlosskapelle und die Wohnräume des Herzogs folgten. Im 17. Jahrhundert entstand die älteste, noch heute bespielte Bühne Deutschlands: das Celler Schlosstheater. 1735 gründete Georg II., Kurfürst von Hannover und König von Großbritannien, in Celle ein Landesgestüt. Die jährliche Hengstparade im Oktober macht Celle für einige Tage zur Hauptstadt des Pferdesports.

In seinem Roman „Das steinerne Herz“ setzt Arno Schmidt eine Celler Adelstragödie in Worte um: Herzog Wilhelms Tochter Sophia Dorothea wurde mit dem Prinzen Georg von Hannover, der später englischer König werden sollte, verheiratet. Sie verliebte sich allerdings in den Grafen von Königsmarck. Als die Affäre ans Licht kam, wurde der Graf im Schloss von Hannover vergiftet, seine Leiche spurlos beseitigt und Dorothea auf das Schloss Ahlden südlich von Walsrode verbannt. Dort soll sie den Rest ihres Lebens, immerhin mehr als 30 Jahre, in Einsamkeit verbracht haben. Ihre Kinder sah sie nie wieder.

Die kleineren gesundheitlichen Beschwerden der Wietzer Bauern linderten sie traditionell mit dem, was in den unheimlichen Pfützen und Tümpeln in der Nähe ihrer Dörfer schwamm. Die klebrige schwarze Masse eignete sich, nebenbei bemerkt, auch ausgezeichnet zum Schmieren der Wagen und anderer beweglicher Metallteile. Das Erdöl machte viele Bauern zu Beginn des 20. Jahrhunderts zu reichen Leuten.

Die Südheide wartet aber noch mit ganz anderen Schätzen auf: So findet man in Bergen ein Afrikamuseum, und das romantische Müden an der Örtze mit seiner Backsteinkirche von 1227, dem hölzernen Glockenturm von 1729 und seinen prachtvollen Bauernhäusern zieht Besucher geradezu magnetisch an.

Die Gedenkstätte im ehemaligen Konzentrationslager Bergen-Belsen, in dem auch Anne Frank ums Leben kam, zeigt eine andere – dunkle – Seite unserer Geschichte.

Eine Attraktion von internationalem Rang ist das Mühlenmuseum in Gifhorn. In ihm befinden sich über 40 maßstabsgetreu nachgebaute Modelle von Mühlen aus aller Welt.

In einem der Mühlenhäuser werden Kuchen und Brot nach alten Rezepten gebacken. Nicht weit vom Mühlenmuseum steht das Gifhorner Schloss, seinerseits nur einen Katzensprung von der Fußgängerzone entfernt. Das wehrhaft gebaute Schloss, das von den Welfen bewohnt wurde, stammt aus dem 16. Jahrhundert, wurde nie von Feinden erobert und ist das Wahrzeichen der Stadt Gifhorn. Eine andere „Spur des Löwen" kann man heute noch in Bardowick erblicken. Eine Inschrift am Südportal der „Dom" genannten Stiftskirche weist auf die totale Zerstörung der blühenden Stadt durch Heinrich den Löwen im Jahr 1189 hin. Zunächst waren die Bewohner ob ihrer Wälle sicher und zeigten dem Herzog den „entblößten Hintern".

Am dritten Tag aber watete ein entlaufener Ochse durch die Ilmenau enthüllte den Belagerern auf diese Weise eine Furt und somit den Weg an die Mauern der Stadt. Die Lüneburger benutzten die Ruinen dann als Steinbruch, und böse Zungen behaupten, Bardowick habe sich von dem Schlag bis heute nicht erholt.

Ein Besuch im Historischen Museum, untergebracht im ehemaligen Kommandantenhaus von Schloss Gifhorn, lohnt immer. Die ständige Ausstellung geht auf die Geschichte Gifhorns bis zur Gegenwart ein.

1 Landcafé Neubokel

Adresse:
Alter Kirchweg 2a
38518 Gifhorn OT Neubokel
Tel.: 05371 13533
Fax: 05371 13534

Öffnungszeiten:
Mi.–So. 14 bis 18 Uhr,
für Gruppen auch nach Vereinbarung

Anfahrt:
Mit dem Auto
A 391, B 4, in Gifhorn auf B 188 Richtung Neubokel, rechts nach Neubokel in die Dorfstraße, rechts ab in Alter Kirchweg

Weite, flachkuppige Landschaften mit Wäldern, Moor und Heideflächen, Seen und Flussläufen sind typisch für die Region um Neubokel. Während der Heideblüte laden die unter Naturschutz stehenden Heideflächen zu ausgedehnten Spaziergängen ein. Das Naturschutzgebiet „Gifhorner Schweiz" liegt im Gifhorner Ortsteil Winkel. Im Verlauf der Nachkriegsjahre wurden um Gifhorn einige größere Flächen zu Naturschutzgebieten erklärt. Dazu gehört auch der im heutigen Stadtgebiet von Gifhorn liegende Heidesee, der auf natürliche Weise (Eiszeit) entstanden ist. Der See kommt auch in den Geschichten und Gedichten des Heidedichters Hermann Löns vor. Auch im Weste der Stadt gibt es größere Heideflächen. Diese Heidegegend wurde durch die Literatur von Hermann Löns bekannt. Durch Kiesschürfen entstanden weitere künstliche Seen. Ein Naturlehrpfad führt durch das einzigartige Refugium für Fauna und Flora. Selten gewordene Tierarten wie Birkhuhn, Kranich oder Kornweihe sind im „Heiligen Hain" in Wahrenholz zu finden. Die Anzahl der nistenden Storchen-

paare ist in den letzten Jahren konstant geblieben.
Gut markierte Wanderwege führen von hier aus direkt durch die Heide. Sie finden das Landcafé Neubokel und Hotel Garni in idyllischer Dorflage mit herrlicher Umgebung, die ideal zum Wandern und Radfahren ist. Fahrräder können Sie im Übrigen im Café ausleihen. Im Café verwöhnt Sie Andrea Kyszkiewicz mit immer frischem, selbst gebackenen Kuchen. Dazu können Sie auf der Terrasse ein gut gezapftes Bier trinken und in aller Ruhe den Kindern zuschauen, die auf dem Spielplatz herumtoben. Für Familienfeiern – auch in größerem Rahmen – bietet das Café mit seinen stilvoll eingerichteten Räumen das richtige Ambiente. Von der Taufe bis zur Konfirmation arrangiert das Team vom Landcafé individuell alles nach Ihren Wünschen.
Wenn Sie nach einer Erinnerung oder einem besonderen Mitbringsel suchen, dann werden Sie von den Dekorationsartikeln und den liebevoll ausgesuchten Accessoires begeistert sein, die in dem Café ebenfalls angeboten werden. In fünf Hotelzimmern finden Sie eine behagliche Unterkunft für die Nacht. Hausgäste genießen das Privileg eines eigenen Aufenthaltsraums. Die Zimmer sind im Landhausstil eingerichtet und bieten jeglichen modernen Komfort.

Essen & Trinken:
selbst gebackene Kuchen, Wurst- und Fleischwaren

Einkaufen:
Bücher, Blumenschmuck und Dekorationsartikel

Extras:
- Spielecke
- Spielplatz
- Kutschfahrten

Übernachtung:
Zimmer

Sehenswertes in der Umgebung:
- Mühlenmuseum Gifhorn
- Historisches Museum im Schloss Gifhorn
- Ballonfahrten in Isenbüttel
- Jagdmuseum Oerrel
- Otterzentrum Hankensbüttel

Adresse:
Im Schönen Winkel 4
38524 Sassenburg
OT Westerbeck
Tel.: 05371 61454
Fax: 05371 13534

Öffnungszeiten:
Mi.–So. 14 bis 18 Uhr

Plätze:
45 Caféplätze
30 Plätze im Außenbereich

Anfahrt:
Mit dem Auto
A 391, B 4, in Gifhorn auf B 188 Richtung Westerbeck, von der Hauptstraße ab in Im Schönen Winkel

Essen & Trinken:
hausgemachter Kuchen

Einkaufen:
selbst gebackenes Brot, Hausmacher Dosenwurst

Extras:
- Spielecke
- Spielplatz
- Moorlehrpfad am Dorf

Sehenswertes in der Umgebung:
- Mühlenmuseum Gifhorn
- Elbe-Seitenkanal
- Heide
- Moorlehrpfad

2 Rammes Hofcafé

Wenn man auf den Hof der Rammes zugeht, erwartet man auch im Innenbereich des Hofcafés eine rustikale Einrichtung. Erst vor ein paar Jahren hat Herr Ramme selbst eine Fachwerkwand eingezogen, die den großen Gastraum des Cafés ein wenig aufteilt. „Manch ältere Semester", erklärt Frau Ramme, „diskutieren angeregt über die handwerklichen Fähigkeiten meines Mannes." Sie selbst will aber unter keinen Umständen das Geheimnis ihrer Maulwurfstorte preisgeben, die sie uns mit einer herrlich duftenden Tasse Kaffee serviert. Nur so viel sei verraten: Der Maulwurfshügel der Torte besteht keineswegs aus gelockertem Erdreich! Viel Fingerspitzengefühl ist nötig, um die Tortenstückchen mit der richtigen Menge Flüssigkeit zu tränken und sie nach einer arbeitsaufwendigen Prozedur wieder zusammenzusetzen.

Nach so viel Handwerkskunst zieht es uns zu einem kleinen Spaziergang nach draußen. Schon bald folgen wir dem Moorlehrpfad, der in unmittelbarer Nähe des Cafés beginnt und der im Rahmen der Weltausstellung EXPO angelegt worden ist. Wer weiß, vielleicht kommen wir dem Geheimnis der Torte hier näher ...

3 Annes Bauerncafé

Am Rande des Harzes liegt die kleine Ortschaft Nauen. Die Umgebung mit ihren Wiesen, Weiden und Wäldern lädt Erholung suchende Städter zum Wandern in unverbrauchter Landschaft ein. Saubere Höhenluft sowie Artenvielfalt in Flora und Fauna verspricht der National- und Naturpark Harz. Wenn Sie nicht so viel Zeit mitbringen, sollten Sie bei einem Abstecher nach Nauen aber trotzdem auf keinen Fall eine gute Tasse Kaffee in Annes Bauerncafé versäumen. Sie werden verwöhnt mit Kuchen nach Landfrauenrezepten und herrlichen Torten. Frau Frickes Stachelbeertorte soll schon in ganz Niedersachsen ihre Liebhaber gefunden haben. Allerdings sind wir der Ansicht, dass die Mohntorte den Stachelbeeren in nichts nachsteht.

Für Freunde der ländlich-deftigen Küche bietet „Annes Bauerncafé" nach Absprache auch Schlachteessen, Spanferkelessen oder ein herzhaftes Grünkohlessen an, wenn die Tage kürzer werden und die Temperaturen unaufhaltsam sinken.

Für Familienfeiern steht eine Auswahl festlicher oder rustikaler Büfetts zur Verfügung.

Adresse:
Im Dorfe 9
38729 Lutter/OT Nauen
Tel.: 05383 1560
Fax: 05383 9468
E-Mail:
info@annes-bauerncafe.de
www.annes-bauerncafé.de

Öffnungszeiten:
Mrz.–Okt.
Do.–So. 14 bis 19 Uhr
Nov.–Feb.
Sa., So. u. Feiertage
14 bis 18 Uhr
Weihnachten geschlossen

Plätze:
50 Caféplätze
40 Außenplätze
100 Plätze im umgebauten Kuhstall

Die entzückenden Ponys lassen nicht nur Kinderherzen höherschlagen.

Anfahrt:
Mit dem Auto
A 7 Ausfahrt Bockenem Richtung Bodenstein, Nauen, in Nauen rechts ab in Im Dorfe.

Essen & Trinken:
hausgemachter Kuchen, Abendessen, Familienfeiern nach Absprache

Einkaufen:
Wurst, Honig, Eier, Souvenirs, Bücher und Emaillegeschirr

Extras:
- Spielplatz
- Ponyreiten
- Frühjahrsfest
- Weihnachtsbasar
- Countryfest

Übernachtung:
Ferienwohnungen

Sehenswertes in der Umgebung:
- Goslar mit Kaiserpfalz und historischer Altstadt
- Oker- und Bodetal
- Schloss und Bibliothek Wolfenbüttel
- Wernigerode
- Osterwick

Wer sich nach einem schönen Nachmittag oder Abend nicht vom Hof trennen kann, der findet hier auch selbst gebastelte Fensterdekorationen, Bilder und Bücher zum Mitnehmen.
So wird die Zeit nicht allzu lang bis zum nächsten Besuch in Nauen!

4 Café und Weinstube Rosengarten

„Meine Gäste kommen aus Goslar, Hannover, aber auch aus dem Harz“, beschreibt Frau Bohnsack den Kreis derer, die ihr Herz an Café und Weinstube Rosengarten verloren haben, „in etwa aus 80 km im Umkreis.“ Das überrascht nicht, denn als Frau Bohnsack 1999 das Café eröffnete, erfüllte sie sich einen lang gehegten Wunsch.

Mittlerweile ist die ganze Familie damit beschäftigt, die Tortensehnsüchte der Gäste zu stillen. „Jede Woche gibt es bei mir andere Torten, nur die Rosengarten-Torte ist immer im Repertoire“, erfahren wir weiter. Das überrascht jedenfalls nicht, denn überall auf dem ehemaligen Bauernhof finden sich Rosen. Nicht zu übersehen ist der herrliche Rosengarten mit seinem alten Baumbestand, unter dem man so unvergleichlich gut spazieren gehen kann. Von hier hat man einen einmaligen Blick auf den Brocken, der durch nichts verstellt wird.

Die einzelnen Räume des Cafés, die alle mit viel Liebe und Geschmack gestaltet sind, zeigen an den Wänden auch ein Muster, in dem selbstverständ-

Adresse:
Hauptstraße 13b
38723 Lutter/OT Nauen
Tel.: 05383 768

Öffnungszeiten:
Mi.–Do. 14 bis 17 Uhr
Fr. u. Sa. 14 bis 19 Uhr
So. 12 bis 19 Uhr
sowie nach Absprache

Plätze:
45 Caféplätze
55 Außenplätze
für Rollstuhlfahrer geeignet

Anfahrt:
Mit dem Auto
A 7 Ausfahrt Bockenem Richtung Lutter, ca. 8 km entlang durch Bodenstein, gleich nach dem Wald rechts, 2 km nach Nauen.

Mit der Bahn
Bahnhof Seesen oder Goslar, weiter mit dem Bus nach Nauen.

Essen & Trinken:
Liebevoll hausgemachte Torten und Kuchen, Eis aus eigener Herstellung, kleine herzhafte speisen und vieles mehr, regelmäßiger Brunch, Familienfeiern à la Carte

Einkaufen:
Rosenlädchen mit Floristik und Seidenblumen, Porzellan, Dekorationen für Haus und Garten, Souvenirs

Extras:
- Frühlingsausstellung
- Gartenausstellung
- Rosenfest
- Kartoffelfest
- Weihnachtsausstellung
- die Rosengarten-Torte wird auf Fürstenberger Porzellan serviert
- Rosenlädchen

Sehenswertes in der Umgebung:
- ideale Möglichkeiten zum Wandern und Spazierengehen, herrlicher Blick über den Vorharz bis zum Brocken
- hist. Altstadt Goslar
- Kaiserpfalz
- Rammelsberg Museum und Weltkulturerbe
- historische Altstadt Hildesheim (Knochenhaueramtshaus)

lich Rosen die Hauptrolle spielen. „Einmalig dürfte es sein“, vermutet Frau Bohnsack, „dass Kaffee und Torte auf Fürstenberger Porzellan – natürlich mit einem feinen Rosenmuster – serviert werden.“ Neben dem herrlichen Garten, in dem es an Sommertagen lieblich-herb nach Rosen duftet, betreibt Familie Bohnsack auch einen kleinen Laden, in dem Gäste Mitbringsel oder Souvenirs erstehen können. Im „Rosenlädchen“ finden sich neben natürlichen Rosen auch solche aus Seide, die ihren Vorbildern an Schönheit in nichts nachstehen. Zu den Höhepunkten im Leben der kleinen Ortschaft Nauen zählt das alljährliche Rosenfest. Familie Bohnsack hat die Idee dazu gehabt. Am Rhythmus der Jahreszeiten orientiert sich das Café, wenn das Frühlings- oder Kartoffelfest gefeiert wird. Ein besonderes Highlight stellt die Weihnachtsausstellung dar, auf der man all die Dinge erstehen kann, die für ein fröhliches und gediegenes Weihnachtsfest unerlässlich sind.

Zwischen Hannover und Heide

Region 10

Wer gern stöbert, sollte den Flohmarkt am Leineufer in Hannover nicht verpassen.

Zwischen den Flüssen Ihme und Leine, wo das Berg- und Hügelland langsam immer flacher wird, liegt Niedersachsens Landeshauptstadt Hannover. Zwar soll es an dieser Stelle bereits im 11. Jahrhundert eine Dorfgründung gegeben haben, die Stadt führt ihren offiziellen Ursprung aber auf eine Urkunde des Herzogs von Braunschweig und Lüneburg von 1241 zurück, in der er Hannover städtische Rechte bestätigt.

Im 18. Jahrhundert erlangte Hannover endgültig historische Bedeutsamkeit: Das Fürstentum Celle wurde geerbt, die Herzogtümer Bremen und Verden gekauft. Damit lag die Stadt im Kern des späteren Königreichs Hannover.

Jetzt musste die verschlafene Stadt in eine Residenz verwandelt werden.

Herzog Johann und Friedrich und in seiner Nachfolge dessen Bruder Ernst August nahmen sich dabei kein geringeres Vorbild als den französischen Sonnenkönig in Versailles. 1689 wurde die prächtige Oper eröffnet, an der Georg Friedrich Händel zwei Jahre lang als Kapellmeister arbeitete.

Die hannöverschen Untertanen waren zufrieden mit dem Bau des Opernhauses, machte es doch die kostspieligen jährlichen Opernreisen Ernst Augusts und seines Hofstaats nach Venedig überflüssig. So wurde fortan zu Hause ge-

Hannover ist eine Großstadt im Grünen. Das Neue Rathaus liegt im Maschpark, direkt am Maschsee.

feiert! Kurfürstin Sophie entdeckte ihre Liebe zur Gartenkunst und nahm einschneidende Veränderungen an der Gartenanlage in Herrenhausen vor.
Maßgeblich beeinflusst von ihren Ideen entstand der größte Barockgarten Deutschlands mit dem neuen Galeriegebäude, den großen Steinfiguren und dem Heckentheater.
Heute ist fast die Hälfte der Stadtfläche von Rasen-, Wald- und Wasserflächen bedeckt. Es gibt wohl kaum eine andere deutsche Großstadt, die über eine ähnliche Kombination von städtischer Kultur und Grünflächen verfügt.

Wenige Kilometer von Hannover entfernt liegt das Städtchen Neustadt am Rübenberge. Im 16. und 17. Jahrhundert war es Residenzstadt der Herzöge von Calenberg. Zu den besonderen Sehenswürdigkeiten Neustadts zählen seine mittelalterlichen Befestigungsanlagen, die Liebfrauenkirche und das Schloss Landestrost.
Als im Jahr 1891 im ehemaligen Zisterzienserkloster St. Maria und Georg ein Predigerseminar eingerichtet wurde, begann Loccums Aufstieg zum kulturellen Zentrum Niedersachsens. Loccum ist nicht weit von Nienburg entfernt, dessen Rathaus ein Giebelreiter aus der frühen Weserrenaissance ziert.

1 Burgdorfer Bäuerinnenbackstube

Adresse:
Am Wächterstieg 7
31303 Burgdorf
Tel.: 05136 974970
Fax: 05175 300317
www.baeuerinnenbackstube.de

Öffnungszeiten:
täglich 10 bis 18 Uhr

Plätze:
60 Caféplätze
30 Außenplätze
barrierefrei

Anfahrt:
Mit dem Auto
A 37 Ausfahrt Burgdorf, rechts in die Alte Schanze Richtung Burgdorf, in Burgdorf Richtung Bahnstation direkt am Schützenplatz

28 Landfrauen und ihre 100 tollen Tortenrezepte:
Ihre Erfolgsgeschichte dauert nun schon ein ganzes Jahrzehnt. Die Bäuerinnen des Altkreises Burgdorf backen Tag für Tag die unglaublichsten Kuchenkreationen für ihr gemütliches Café mitten im Herzen der urigen Fachwerkstadt Burgdorf, gleich am Schützenplatz.
Seit zehn Jahren sind diese 28 Frauen ein absolut eingespieltes Team. Frei nach der Devise: Geht nicht, gibt's nicht, haben sie Höhen und Tiefen zusammen gemeistert.
Ihre Zuversicht, ihr Geschäftssinn, ihre warmherzige Gastlichkeit und vor allem natürlich ihre sensationell tollen Torten haben die backenden Bäuerinnen aus Burgdorf weit über die Grenzen der Stadt hinaus bekannt gemacht.
Ihre Rezepte sind ein wohlgehütetes Geheimnis, nicht aber die Qualität ihrer Produkte. Ob nun Wolkentorte, Frankfurter Kranz oder Kolshorner Moortorte – wer die Torten und Kuchen einmal probiert hat, der weiß: Hier werden nur die besten Zutaten verarbeitet. Und ne-

ben traditionellen Kuchen stehen oft auch eigene Kreationen in der üppigen Auslage. Täglich gibt es bis zu zehn verschiedene zuckersüße Versuchungen, am Wochenende sind es oft noch mehr. Diese große Auswahl ist vor allem auch deshalb nötig, weil viele Kunden den Kuchen nicht nur im Café genießen, sondern ihn auch noch mit nach Hause nehmen möchten.

Obwohl die liebevolle Einrichtung und die gemütliche Atmosphäre der Bäuerinnenbackstube beim Genuss der tollen Torten eigentlich immer noch das „Sahnehäubchen“ obendrauf ist. Dank der geschmackvollen Einrichtung mit den besten Stücken aus Omas Aussteuer haben die Gäste des Cafés vom ersten Augenblick an das Gefühl, sie säßen in der Guten Stube daheim. Kein Wunder also, dass das Bäuerinnen-Café zu einem beliebten Treffpunkt für Jung und jung Gebliebene geworden ist.

Und weil die 28 Landfrauen ihren Gästen mehr bieten wollten als erlesene sahnesüße Leckereien, haben sie ihr Angebot ständig erweitert. Daher gibt es nun jeden Tag im Jahr ab 10 Uhr ein leckeres Frühstück und, je nach Hunger, auch eine kleine Mittagstafel mit selbst gemachter Hausmannskost.

Egal, ob Sie sich für die Hochzeitssuppe, die Bratkartoffeln mit Sauerfleisch oder eine der 100 tollen Torten der 28 cleveren Landfrauen entscheiden – die Burgdorfer Bäuerinnenbackstube ist ein absoluter Hochgenuss zu jeder Tages- und Jahreszeit!

Essen & Trinken:
hausgemachter Kuchen, Frühstück, kleine Mittagskarte

Einkaufen:
- selbst gebackener Kuchen und Torten
- sonstige kleine Leckereien
- diverse Rezeptbücher

Extras:
wechselnde Bilderausstellungen von Hobbykünstlern

Sehenswertes in der Umgebung:
- Fachwerkstadt Burgdorf
- Niedersächsische Spargelstraße

Rund um Hildesheim

Region 11

Wohl der bekannteste Landstrich Südniedersachsens ist der Harz. Dort, in den tiefen, waldreichen Tälern trifft man auf die Spuren einer intensiven wirtschaftlichen Nutzung, die bis ins Mittelalter zurückreichen. In den Bergwerken wurde Silber gehauen, das den Reichtum der Grundherren mehrte. Schon früh nutzte man Wasserkraft im Harzbergbau. Heute sind es eher die Talsperren, die mit ihren Wassermassen große Städte, z.T. auch Hannover, versorgen oder den Spiegel der Kanäle und Flüsse in den trockenen Sommermonaten regulieren. Zwischen Bergwiesen und Hochmooren, Wasserfällen und dichten dunklen Wäldern liegen verstreut Eingänge zu tiefen Tropfsteinhöhlen, die schon früh die Fantasie der Menschen anregten.

Nach Nordosten schließen sich Elm, Lappwald und Dorm an, drei Höhenzüge mit ausgedehnten Laub- und Mischwäldern, blühenden Kräuterwiesen und verträumten Tälern. Klöster und Burgen zeugen von der Bedeutung, die diese Region in früheren Zeiten hatte. Besondere Erwähnung verdienen Königslutter mit seinem Kaiserdom, Kneitlingen mit dem Geburtshaus Eulenspiegels, das Juleum in Helmstedt und die als „Lübbensteine“ bekannten Großgräber auf dem St.-Annen-Berg.

Weiter südwestlich, an einer Furt durch die Innerste, kreuzten sich im Mittelalter zwei bedeutende Handelswege, die vom Süden bis zur Ostsee und vom Rhein zur Elbe führten. Einer Sage nach soll sich hier Ludwig, der Sohn Karls des Großen, auf der Jagd nach einem weißen Hirsch verirrt haben. In seiner Verzweiflung betete er zu Gott, hängte sein Brustkreuz in einen wilden Rosenstrauch und schlief ein. Als er am nächsten Morgen erwachte, lag der Wald unter einer dichten Schneedecke, nur der Rosenstrauch blühte und lag im Sonnenschein. Ludwig entschloss sich, dies als ein Zeichen Gottes zu verstehen, ließ neben dem Rosenstrauch eine Kapelle errichten und verlegte kurzerhand sein eigentlich bei Elze geplantes Bistum hierher. Sein erster Bischof ließ neben der Kapelle einen Dom errichten: Hildesheim war gegründet.

Der Hildesheimer Dom soll vor mehr als 1000 Jahren um einen sagenumwobenen Rosenstrauch herum gebaut worden sein.

Angeblich soll dies der Rosenstrauch sein, der heute noch neben dem Dom steht, er wäre somit älter als 1000 Jahre. Nach der völligen Zerstörung Hildesheims in den letzten Wochen des Zweiten Weltkriegs lag der Rosenstrauch verbrannt unter den vielen Trümmern und schlug dennoch wieder aus.

Südlich von Hildesheim liegt – fast genau zwischen Harz und Weser – ein klassisches norddeutsches Erholungsgebiet: das Leinebergland. Flusstäler wechseln hier mit bewaldeten Höhenzügen ab, die von Wanderwegen durch-

Eine Fahrt mit der Brockenbahn lohnt sich sowohl im Sommer als auch im Winter.

zogen werden. Immer wieder finden sich kleine romantische Städtchen mit interessanter Historie und vielen Sehenswürdigkeiten. Die Region ist reich an Sagen und Geschichten. Als die Brüder Grimm im 19. Jahrhundert dieses Volksgut sammelten, brachten sie einen überraschenden Schatz ans Tageslicht.

Am Ith, mit über 20 km der längste Klippenzug Norddeutschlands, kann man lange Spaziergänge oder Wanderungen durch schluchtigen Sandstein unternehmen, aber auch – beinahe – wie im Hochgebirge klettern. Immer wieder stößt der Wanderer auf Höhlen, die in prähistorischer Zeit bewohnt waren. Die Ruine der Burg Plesse bei Bovenden nördlich von Göttingen begeisterte schon Goethe, der sich hier 1801 zum Picknick niederließ.

Stolz blickt die Universitätsstadt Göttingen auf die lange Reihe der Nobelpreisträger, die aus ihren Mauern hervorgegangen sind.

Das waldreiche Umland mit dem idyllischen Leinetal begeistert aber auch diejenigen, die Natur und frische Luft dem Studieren vorziehen.

Östlich von Göttingen, an der Grenze zu Thüringen, liegt Duderstadt, die einstige Metropole des Eichsfeldes. Im Spätmittelalter hatte Duderstadt zeitweilig mehr Einwohner als die Hafenstadt Hamburg.

Der Harz mit seiner abwechslungsreichen Landschaft zieht viele Touristen an.

1 Landcafé im Gasthaus Gollart

Das Landcafé im Gasthaus Gollart liegt im südlichen Teil des Weserberglands, im Uslarer Land, die Umgebung ist geprägt von den Höhen des Sollings. Mitten im kleinen Dorf Kammernborn finden wir das Landcafé im Gasthaus Gollart, ein echter Geheimtipp.
Seit Gründung im Jahr 1878 befindet sich das Haus im familiären Besitz, heute führt Antje Adolph in fünfter Generation das Landcafé. Traditionen bewahren und trotzdem mit der Zeit gehen – so lautet das Geheimrezept der Familie Adolph. Im ganzen Haus erinnern Fotos an die gute alte Zeit; Gesangsvereine, Feuerwehr, Gesellschaften, Festlichkeiten, hier fand und findet das Dorfleben statt. „Unsere Gäste schätzen die traditionelle Atmosphäre, legen aber Wert auf Gastfreundschaft und Genuss. Wir haben uns stets den Wünschen unserer Gäste angepasst", erzählt Frau Adolph. Dabei untertreibt sie ein bisschen; die hausgemachten Torten sind heiß begehrt. Inzwischen hat sie sich über die Region hinaus einen Namen gemacht; Gäste

Adresse:
Sollingstraße 19
37170 Uslar-Kammerborn
Tel.: 05571 1323
Fax: 05571 912492
E-Mail:
Gasthaus.Gollart@t-online.de
www.landcafegasthausgollart.de

Öffnungszeiten:
täglich ab 13.30 Uhr
Mo. Ruhetag
(außer an Feiertagen)
Betriebsferien:
1. u. 2. Septemberwoche

Plätze:
75 Innenplätze
120 Plätze im Saal
100 Außenplätze

Anfahrt:
Mit dem Auto
Aus Norden, Osten und Süden:
A 7 bis Nörten-Hardenberg,
weiter auf B 241 Richtung Uslar,
weiter auf B 241 Richtung
Holzminden bis Kammerborn
Aus Westen:
A 44 bis Abfahrt Warburg,
weiter auf B 241
über Beverungen, weiter nach
Kammerborn (Richtung Uslar)

Mit der Bahn
Bahnhof Uslar, Holzminden
oder Göttingen, weiter mit Bus
Linie 210 bis Kammerborn

kommen bis zu zwei Stunden aus dem Umkreis ins Landcafé. Immer wieder kreiert sie neue Tortenköstlichkeiten, alle natürlich von der Chefin persönlich hausgemacht. Die angebotenen Wurstwaren werden noch nach alten Rezepturen von einem Hausschlachter hergestellt. Als besonderer Leckerbissen gilt die luftgetrocknete Mettwurst.

Ob im Winter bei einer Kaffeespezialität und einer heißen Waffel am Kamin oder im Sommer auf der idyllischen Terrasse mitten im Grünen, das Landcafé im Gasthaus Gollart bietet das ganze Jahr einen Anlass zum Besuch. „Mit abwechslungsreichem Programm sprechen wir unsere Gäste an. Zum Beispiel die Märchenstunden für Erwachsene, im Juli die traditionelle Wursteprobe oder zu Himmelfahrt die Maibockparty. Im Dezember gibt es am 3. und 4. Adventswochenende einen Scheunen-Weihnachtsmarkt rund um das Café", erzählt Frau Adolph in ihrer fröhlichen Art. In der Nähe des Landcafés gibt es zahlreiche Wanderwege, der Erlebniswald lädt zum Entdecken ein, oder wenn man mal im Wald übernachten will, ist das neue Baumhotel geradezu ideal. Ein Besuch in der Fach-

werkstatt Uslar mir seinen heimeligen Fachwerkgassen ist ideal zum Bummeln. Der Besuch im Landcafé lässt sich bestens zu einem Tageserlebnis arrangieren.

Essen & Trinken:
Kaffeetafel, Vesperkarte mit Wurstwaren von Schweinen aus eigener Fütterung, Sahnewaffeln, Eis

Einkaufen:
Wurstwaren, Eingemachtes, Souvenirs, Bücher, Kuchenspezialitäten im Außer-Haus-Verkauf

Extras:
- Spielecke
- Märchen für Erwachsene
- Maibockfete mit großem Kuchen-, Salat- und Grillbüfett
- Wursteprobe
- Wanderwege
- spezielle Gruppenangebote
- geführte Themenwanderungen
- 3. und 4. Advent: Scheunenweihnachtsmarkt

Sehenswertes in der Umgebung:
- Ahletal
- historische Altstadt Uslar
- Schmetterlingspark Uslar
- Museum
- Erlebniswald Schönhagen
- Naturerlebnispfad Rothenberg
- Erlebnislandschaft Delliehausen
- Hutewaldprojekt
- Freilichtausstellung „Vergangenheit in Miniatur“
- Kali Bergbaumuseum Volpriehausen
- Klosterkirche Lippoldsberg
- Wildpark Neuhaus

2 Gutscafé zur Wildente

Adresse:
Giftener Str. 9
31157 Sarstedt
Tel.: 05066 984833
Fax: 05066 984834
E-Mail:
gutscafewildente@t-online.de
www.gutscafe-zur-wildente.de

Öffnungszeiten:
Mi.–So. 14 bis 18 Uhr
Mo. u. Di. Ruhetag

Plätze:
70 Caféplätze

Als wir an diesem Morgen vom Gezwitscher der Vögel geweckt werden, ist der Himmel über uns wolkenlos blau. Etwas verschlafen kriechen wir aus den Schlafsäcken, packen unsere Ausrüstung zusammen und schieben die bepackten Fahrräder die wenigen Meter nach Schliekum. Dort weckt eine Tasse heißer Kaffee all unsere Lebensgeister. Nach ungefähr 5 km erreichen wir den Leine-Radweg, der uns direkt nach Sarstedt führt. Neben der St.-Nikolai-Kirche von 1457 interessiert uns vor allem das Mühlenmuseum in einer Wassermühle aus dem 14. Jahrhundert. Nachdem wir unseren Bildungshunger gestillt haben, machen wir uns auf den Weg nach Giften (Richtung Rössing). Links und rechts unserer Route laden kleine Seen zum Baden ein. Im idyllischen Ortskern von Giften stehen wir dann endlich vor dem Hofcafé zur Wildente, dem Ziel unserer kleinen Radtour. Über eine Freitreppe betreten wir den klassizistischen Bau; Holzdielen, große Fenster mit blauen Vorhängen, schöne alte Möbel und über allem der Duft von Kuchen und Kaffee vermitteln uns das Gefühl stil-

voller Gastlichkeit. „Alles begann vor einigen Jahren in der heimischen Küche. Angetrieben durch die Lust am Backen und das Ausprobieren neuer Rezepte entstanden die schönsten Kreationen von Torten und Kuchen. Da unsere Familien die Menge gar nicht allein bewältigen konnten, beschlossen wir, von nun an auch andere an unserem Hobby teilhaben zu lassen“, berichten Dagmar Klünder und Ilsedore Heuer, die Betreiberinnen des Gutscafés nicht ohne Stolz. Die Koch- und Backkunst der Giftener sprach sich bald herum, der Kundenkreis wuchs, und bald belieferten die beiden auch Cafés mit ihren Werken. 2001 war es dann so weit: Das Gutscafé zur Wildente öffnete seine Türen. Nach einem kleinen Rundgang durch die einzelnen Zimmer des Cafés betreten wir den Garten. Unter den Sonnenschirmen sitzen bereits zahlreiche Gäste und unterhalten sich angeregt oder sitzen einfach nur da und genießen ein Stück Torte. Es gibt kaum einen entspannteren Anblick als den herrlichen Garten der „Wildente“ – darüber sind wir uns schnell einig. Und als wir schließlich wieder auf unsere Räder steigen, ist uns beinahe ein wenig wehmütig ums Herz.

Anfahrt:
Mit dem Auto
An der B 6 Abfahrt Sarstedt Nord, der Straßenbahn folgend. An der dritten Ampel fahren Sie rechts Richtung Rössing, folgen der Hauptstraße bis zum Ortsausgang. Der nächste Ort ist Giften.

Essen & Trinken:
hausgemachter Kuchen, selbst gebackenes Brot, Restaurantbetrieb

Einkaufen:
Souvenirs, Bücher

Extras:
- Für Familien- und Betriebsfeste bietet das Café ausgefallene und der Jahreszeit entsprechende Menüs und Büfetts in einem anspruchsvollen Ambiente an.
- Dazu kommen regelmäßige Veranstaltungen, u. a. Jazzkonzerte.

Sehenswertes in der Umgebung
- Marienburg, Giftener Seen
- Saupark Springe
- Hildesheim
- Lehr- und Forschungsgut Ruthe

3 Hof-Café Wittenburg

Adresse:
Zur Finie 1
31008 Elze OT Wittenburg
Tel.: 05068 3765
Fax: 05068/4380
E-Mail:
info@hofcafe-wittenburg.de
www.hofcafe-wittenburg.de

Öffnungszeiten:
Mi.–Sa. 14 bis 18 Uhr
So. 11 bis 18 Uhr
sowie nach Absprache für größere Gesellschaften

Plätze:
150 Caféplätze
80 Pätze im Saal
130 Außenplätze
120 Außenplätze im Obstgarten

Wenn man sich Wittenburg auf der B 1 aus Richtung Elze nähert, bemerkt man als Erstes die mächtige gotische Klosterkirche. Das „Hof-Café Wittenburg" liegt unmittelbar unterhalb der Kirche am Rande eines ausgedehnten Wiesengebiets neben dem Dorfteich.

Im Spätsommer ist der Teich von Entengrütze und Teichrosen bedeckt. In der Nachmitagssonne schmiegen sich große rote Backsteingebäude malerisch an den Hang. Man gewinnt schnell den Eindruck, dass hier die Zeit ruhiger und entspannter vergeht als anderswo.

Auf Tradition legt Frau Lenz großen Wert. Voller Stolz erzählt sie, dass ihr Hof in den letzten Generationen immer in der mütterlichen Linie weitergegeben wurde. Bevor ihre Familie 1980 aus der Stadt aufs Land zog, stand das Haus fast 30 Jahre leer.

Die Landwirtschaft auf den zum Teil sehr steilen Hängen lohnte nicht mehr. Für die Landwirtschaftliche Brandkasse war das Haus mit seinen Stallungen so zerfallen, dass sie es gar nicht mehr versichern wollte. Aber Familie Lenz hat sich davon nicht entmutigen lassen.

Innerhalb eines Jahres haben sie das Wohnhaus komplett entkernt und wieder aufgebaut. Mit viel Liebe und noch mehr Engagement ist es ihnen gelungen, das Haus zu renovieren. Dabei haben sie den Charakter des Hofes erhalten können.

Entstanden ist ein wahres Schmuckstück, dessen obere Etage Familie Lenz selbst bewohnt. Die Gäste fühlen sich wohl in der freundlichen und angenehmen Atmosphäre des Hof-Cafés und des Heuhotels. Auch das ist wichtig für die Familie Lenz, denn viele ihrer Gäste kommen regelmäßig her. Es ist nicht überraschend, wenn an einem sonnigen Wochenende alle 150 Plätze besetzt sind. Dann arbeitet die ganze Familie mit, zehn Aushilfen aus Wittenburg oder Elze gehen zur Hand. Aber die Torten, die backt Frau Lenz alle selbst! Ihre Wittenburger Trüffeltorte, eine wunderbare Beerentorte, die Champagnertorte für besondere Anlässe und eine Buchweizentorte nach eigenem Rezept, die man südlich von Hannover eher selten findet, sind nur einige Beispiele für Frau Lenz' Backkunst.

Es soll Gäste geben, die keine Entfernung scheuen, um sich diese Leckerbissen bei einer Tasse gutem Kaffee auf der Zunge zergehen zu lassen.

Ihre Rezepte verrät Frau Lenz leider nicht. Sie ist der Ansicht, dass die Gäste ihrem guten Geschmack vertrauen und deswegen immer wiederkommen. „Früher wurden auf dem Land Verträge mit Handschlag besiegelt", meint Frau Lenz. Ähnlich geht es mit ihren Torten: Man kann sie nicht vorher ansehen, man muss ihr da schon vertrauen. Enttäuscht war aber noch niemand.

Für Stammgäste stellt Familie Lenz auch schon mal ein besonderes Möbelstück zum Verkauf aus. Ständig wechselnde Ausstellungen von Malerinnen aus dem ländlichen Raum bereichern das Angebot des Hof-Cafés. Kartoffeln, Honig und Töpfereien aus der Umgebung können Gäste ebenfalls im Café erwerben. Im Herbst vertreibt Frau Lenz auch Hüte. In einem kleinen Verkaufsraum findet man Karten, Bücher und Kunstgewerbe.

Für ein entspanntes Wochenende oder einen längeren Urlaub in ländlicher Umgebung finden Sie im Hof-Café Wittenburg ein paar liebevoll eingerichtete Gästezimmer.

Wer es eher abenteuerlich mag, übernachtet im ehemaligen Pferdestall, der für Gäste zum Heuhotel umgebaut worden ist – ein Spaß für Kinder und Familien!

Anfahrt:
Mit dem Auto
B 3 Richtung Elze, zwischen Wülfingen und Elze in die Wittenburger Str. abbiegen, bis Wittenburg verfolgen, dort die erste Str. rechts ab in Zur Finie.

Essen & Trinken:
selbst gebackene Torten und Kuchen, kleine Speisekarte mit herzhaften Gerichten, mehrgängige festliche Menüs nach Absprache

Einkaufen:
Torten, Kartoffeln, Honig, Töpfereien

Übernachtung:
Gästezimmer, Heuhotel

Sehenswertes in der Umgebung:
- Calenberger Land und Leinebergland
- Damenstift Wülfinghausen (bewirtschaftet)
- Marienburg
- Poppenburg
- Klosterkirche Wittenburg (nach Absprache)
- Saupark Springe
- Freilichtbühne Osterwald
- Freizeitpark Rasti-Land
- Hildesheim (20 km)
- Hameln (25 km)
- Hannover (30 km)

4 Sanddornstuben am Süntel

Adresse:
Gülichstraße 28
31848 Bad Münder/
OT Flegessen
Tel.: 05042 506790
Fax: 05042 52608
E-Mail:
Brandes.Flegessen@t-online.de
www.sanddornstuben.de

Öffnungszeiten:
Di.–Sa. 11 bis 18 Uhr
So. 10 bis 18 Uhr

Plätze:
70 Caféplätze
40 Außenplätze
100 Plätze in der Wanderscheune
barrierefrei

Das herrlich gelegene Café der Familie Brandes besteht aus drei Räumen: der Jagdstube, dem Sanddornzimmer und der Ostfriesenstube. Als wir aus der Kälte des Herbsttages in die behagliche Stube treten, sind wir schnell begeistert von den friesischen Motiven an den Wänden, dem ostfriesischen Teegeschirr und natürlich von der hausgemachten Sanddorntorte, die wir einfach probieren müssen. Unsere Wangen röten sich, und wir lauschen gespannt den Geschichten um Sanddorn und Süntel. Es ist, als bliebe die Zeit für einen Moment stehen. Frühmorgens schon sind wir aufgebrochen und oberhalb von Bakede den Süntelhang hinaufgestiegen, bis wir den Kammweg erreichten. Es war kühl an diesem Morgen, aber die Luft war frisch, und als gegen Mittag die Wolken aufrissen und herrlicher Sonnenschein uns wärmte, wussten wir, dass wir alles richtig gemacht hatten. Unsere Füße raschelten im Laub der Buchen. Die Hohe Egge, die höchste Erhebung des Süntels, umwanderten wir, denn die Aussicht auf die weiten landwirt-

schaftlich genutzten Flächen war auch so schon gut genug. Am Nachmittag dann erreichten wir Flegessen und das Sanddorncafé.
Die mächtigen Sandsteinmauern halten die Wärme des Ofens drinnen und schützen vor der Kälte des Herbstnachmittags. „Wir haben eine Verlängerung zum Gutshaus hergestellt. Früher war das ein Pferdestall. Unsere Wanderscheune bietet jetzt Platz für ungefähr 100 Personen. Mitten im Raum findet sich noch ein Brunnen, die ehemalige Wasserversorgung der Hofstelle", berichtet Frau Brandes weiter. Für Wandergruppen erscheint die rustikale Scheune wie gemacht, aber auch größere Gesellschaften finden in diesen reizvollen Räumlichkeiten einen würdigen Rahmen.

Als wir aufbrechen, um den letzten Teil unserer Wanderung zu bewältigen, sind wir wunderbar erholt und froh um die Gastfreundschaft der Familie Brandes. Wir sind uns sicher: Das Sanddorncafé haben wir nicht zum letzten Mal besucht!

Sehenswertes in der Umgebung

- historische Altstadt Hameln
- Schloss Hämelschenburg
- Stift und Stiftskirche Fischbeck
- Jagdschloss und Wisentgehege Springe
- Kurpark Bad Pyrmont

Anfahrt:

Mit dem Auto
A 2 Abfahrt Lauenau, Richtung Hameln, in Hachmülen rechts auf die B 217, nach 2,5 km Abfahrt Flegessen–Klein Süntel, das Café ist ausgeschildert

Mit der Bahn
Bahnhof Hameln,
Buslinie 15 nach Flegessen,
Station Grabenfeld aussteigen
Bahnhof Bad Münder,
Buslinie 15 nach Hachmühlen

Essen & Trinken:
Frühstück und Kaffeetafel, hausgemachter Kuchen, z. B. Sanddorntorte mit Beeren aus eigener Plantage, Ostfriesen-Torte, Ostfriesenbrunch, Schlachtewochen

Einkaufen:
im Hofladen (Öffnungszeiten wie Café) Marmeladen, Sanddornprodukte (z. B. Seifen, Likör, Creme, Lotion, Massageöle, Apfel-Sanddorn-Saft), Wurst- und Fleischwaren

Extras:

- Wanderscheune
- Sandkasten
- Rosenwochenenden im Juni
- Sanddornbeeren zum Selbstpflücken im Sept.
- Sanddornfest
- ideale Wanderwege am Süntel
- Hofladen

Übernachtung:
Hotel Kastanienhof
Am Stadtbahnhof 11
31848 Bad Münder
Tel.: 05042 3063
Hotel Zur schönen Aussicht
OT Klein Süntel
31848 Bad Münder
Tel.: 05042 95590

Caféregister in alphabetischer Reihenfolge

Ortsregister in alphabetischer Reihenfolg

Kulinarische Ausflugsziele in Deutschlands Norden

Jens Mecklenburg

Genuss- und Einkaufsführer in Schleswig-Holstein

128 Seiten, farbig, broschiert
ISBN 978-3-86127-897-9

Land- & Hofcafés in Schleswig-Holstein

144 Seiten, farbig, broschiert
ISBN 978-3-8404-3001-5

Cadmos Verlag GmbH
Möllner Straße 47, 21493 Schwarzenbek
Tel. 04151 87 90 7-0, Fax 04151 87 90 7-12

Besuchen Sie uns im Internet:
www.cadmos.de

CADMOS